Henri-Léonard Randrianasolo-Ravony

Le Pont de l'Espérance

Henri-Léonard Randrianasolo-Ravony

Le Pont de l'Espérance

Le récit d'un Malgache en 1971 pour
Madagascar, sous la Première République

Éditions universitaires européennes

Imprint

Any brand names and product names mentioned in this book are subject to trademark, brand or patent protection and are trademarks or registered trademarks of their respective holders. The use of brand names, product names, common names, trade names, product descriptions etc. even without a particular marking in this work is in no way to be construed to mean that such names may be regarded as unrestricted in respect of trademark and brand protection legislation and could thus be used by anyone.

Cover image: www.ingimage.com

Publisher:
Éditions universitaires européennes
is a trademark of
Dodo Books Indian Ocean Ltd., member of the OmniScriptum S.R.L Publishing group
str. A.Russo 15, of. 61, Chisinau-2068, Republic of Moldova Europe
Printed at: see last page
ISBN: 978-3-8416-6503-4

Copyright © Henri-Léonard Randrianasolo-Ravony
Copyright © 2015 Dodo Books Indian Ocean Ltd., member of the OmniScriptum S.R.L Publishing group

VERRA, LIRA ET SAURA :
« EN SOUVENIR D'UN GRAND AMOUR.
ET...POURQUOI SOUVENIR ? »

                        H.L. RANDRIANASOLO-RAVONY

Sommaire

Préface 3

Avant-Propos 7

Le récit d'un Malgache en 1971 pour Madagascar, sous la Première République 12

Préface

« Monsieur le Maire ne pouvant plus se retenir, se précipite vers elles (les voitures officielles) et est invisible pendant dix secondes, enveloppé par le brouillard de poussière. Heureusement pour lui, un vent plus fort dissipe ce brouillard et Monsieur le Maire, saisi d'une toux subite achève une toilette sommaire ; les autorités descendent de voitures suivies de leurs courtisans et des invités venant de Marovoay. Se croyant probablement fautif, Monsieur le Maire, tout penaud, s'avance pour accueillir les nouveaux venus laissant délibérément le nœud de sa cravate se promener sous son oreille droite ».

Des passages d'un comique aussi corsé - parce que très naturel - abondent dans cette œuvre de RANDRIANASOLO-RAVONY. Ils émaillent celle-ci et en font la dominante des caractères et situations que l'auteur présente avec réelle bonhomie dans le cadre d'un terroir qu'il affectionne : *Maroala* et *Marovoay*. Après avoir lu *Le Pont de l'Espérance*, on ne peut s'empêcher de réprimer un mouvement d'horreur en se rappelant comment le pays glissait inconsciemment sur la pente de la politique de façade. Il faut plaindre ce brave Maire de la banlieue de *Marovoay* qui, bien qu'il soit une personnalité assez importante de sa région, n'a d'autre souci que de s'aplatir servilement pour mériter sa petite place et avoir les bonnes grâces des autorités civiles et du parti.

Et ces habitants, image du Peuple ? Source et siège véritable du pouvoir étatique, ils se ravalent grossièrement en devenant l'instrument docile et passif au service du régime. Ils noient leurs adversités dans les libations et les rapports sexuels. Hélas !

Le Pont de l'Espérance est un livre courageux comme son auteur. Car il faut un certain courage pour concevoir et écrire une œuvre semblable en plein ancien régime. Bien sûr, RANDRIANASOLO-RAVONY H.L. a attendu le moment propice du temps où nous vivons pour l'éditer et la livrer aux lecteurs ; autrement ce livre aurait attiré bien des ennuis à l'auteur, car on se rappelle avec quelle main de fer la Presse était bâillonnée autrefois. Dans tous les pays du monde, maints écrivains font comme lui, préparant de longue main l'avènement d'une ère nouvelle. Pour avoir passé son enfance à la campagne, RANDRIANASOLO-RAVONY H.L. est parfaitement dans son élément en matière de psychologie sociale. Il est bien servi d'ailleurs dans ce domaine par sa culture et son intelligence, que je lui connaissais déjà quand nous étions ensemble sur le même banc à l'Université.

Le Pont de l'Espérance peint avec une minutie implacable comment une mutation sociale

« Apporte aux uns le bonheur

Et aux autres la douleur » (1).

Le progrès des communications procure en effet du plaisir et un gain de temps aux piétons et possesseurs de voitures mais accule dramatiquement le « passeur » au bas-fond de la ruine.

La muse de RANDRIANASOLO-RAVONY H.L. l'accompagne toujours au fil de ces pages ; elle inspire de temps en temps l'auteur ; d'où l'existence de cette sorte de hauts lieux, de sommets, je veux dire de ces poèmes qui culminent tout au long du *Pont de l'Espérance*. Un exemple est le poème sur Bwana. C'est un chef d'œuvre qui laisse transparaître le patriotisme qui circule dans les veines de RANDRIANASOLO-RAVONY H.L. :

« Le Bwana blanc n'est plus là
...
Mais nous continuons toujours à puiser l'eau du puits
Car l'eau courante est seulement chez toi ô Bwana
Le Bwana noir vaut bien le Bwana blanc ».

C'est une constatation qui dessille les yeux et pouvait mettre le compatriote en présence de la réalité nationale, il y a quelques semestres encore. La muse aux yeux de lynx de RANDRIANASOLO-RAVONY H.L. est attentive ; elle est impardonnable aux torts qu'on se permet de faire à la Nation.

C'est l'impression qui résume toutes les autres, à la lecture du *Pont de l'Espérance.*

RANDRIAMAROZAKA
Membre de l'Académie Malgache.

(1) Réminiscence de Baudelaire.

Avant-Propos

« Je n'entends rien à la politique » dit l'un des principaux personnages de ce livre. Il ne fait que répéter ce que je pense moi-même de la politique : un terrain difficile sur lequel les non initiés ne doivent guère s'aventurer. Il faut donc le laisser à ceux qui en font leur spécialité après un stage de formation. A mon sens, n'importe qui, en effet, ne peut être politicien dans l'acceptation noble du terme. C'est un métier comme un autre qu'il faudra apprendre et exercer consciencieusement.

Je suis technicien dans ma branche et cela doit me suffire. Mais en tant que citoyen de la *Repoblika Malagasy* il m'est, je pense, permis de réfléchir sur certaines questions, de faire des commentaires sur des déclarations publiques etc. J'avertis donc le lecteur qui voudra bien lire cet ouvrage qu'il est de pure fiction : le Pont de l'Espérance n'existe pas encore, et je ne sais pas si le Gouvernement y pense déjà. Les situations qui y sont décrites relèvent de mon imagination et si parfois elles peuvent être identifiées ou comparées à d'autres évènements similaires, ce n'est que pur hasard.

Néanmoins, il y a des faits réels : l'existence des villes et des villages cités, les évènements du Sud de Madagascar, le Viêt-Nam, le Tribunal de Burgos, les combats qui déchirent le Moyen-Orient etc. Ceux qui connaissent la région sauront que j'ai légèrement déplacé l'emplacement du village de *Marolambo* pour faciliter mon travail. Je suis allé pour la dernière fois à *Marolambo* en août 1962 et à *Maroala* le 26 avril 1971. Je connais parfaitement cette partie de la plaine de Marovoay pour avoir passé les premières années de ma vie à *Manaratsandry*, et j'y suis revenu à plusieurs reprises par la suite, ce qui m'a d'ailleurs incité à choisir ce cadre où, tout enfant déjà, je commençai à rêver sur les bords de la *Betsiboka*.

C'est pour cette raison que je suis d'accord avec le célèbre cinéaste sénégalais, Ousmane Sembene qui, en parlant de son film « Le Mandat », dit : « Je crois aussi que le succès de ce film est que je connaissais vraiment très bien le milieu social au sein duquel j'avais situé l'action. Il faut toujours parler en connaissance de cause avec un esprit de partisan ». Pour compléter ces arguments, il ajoute en racontant les circonstances du tournage de son film « Emitaï » : « J'habitais chez eux, on mangeait la même nourriture ».

La dédicace « Verra, lira et saura : en souvenir d'un grand amour. Et... pourquoi souvenir ? » renferme, pour moi, tout l'amour que je garde pour cette terre de ma naissance et de mon enfance. Pourquoi souvenir ? Je me le demande car, malgré mon éloignement de ma sous-préfecture, je suis resté entièrement paysan, amoureux de la terre et je n'ai jamais, à aucun moment de mon existence, pu me détacher d'elle. Je me plais d'ailleurs à dire à mes amis citadins, au risque de les vexer, que celui qui n'a pas encore vécu à la campagne ne connaît pas ce que l'Univers contient de plus beau. Ce n'est pas évidemment la vie tourbillonnante des villes, ce ne sont pas les jolies filles, ce ne sont point les cheveux longs des garçons ni les robes mini ou maxi des femmes, mais la campagne a son charme particulier qui nous délivre de nos maux et soucis. Là-bas aussi existent des hommes qui aspirent à un relatif bonheur, qui luttent chaque jour davantage pour survivre et qui sont nos compatriotes, nos frères et nos sœurs qui n'ont pas de cinéma, qui n'ont pas de mini ou de maxi robes mais qui font partie de la nation Malagasy et participent en cette qualité à la vie quotidienne du citadin. C'est à eux que je pense en écrivant ce livre car je me sens beaucoup plus proche d'eux que du citadin. Mon plus grand plaisir, chaque fois que je le peux, est de converser avec eux, de leur expliquer quelque chose, de manger avec eux, bref de continuer à m'identifier à eux.

J'ai choisi la sous-préfecture de *Marovoay* parce que je la connais bien et c'est à tous les habitants de cette ville que je dédie ce livre afin de leur témoigner mon appui quelque soit l'endroit où je me trouve. Tous les paysans Malagasy sauront également que je suis un des leurs et que je tiens à le rester, à être à leurs côtés dans leur lutte contre l'ignorance, contre la famine etc. Evidemment, comme le dit un des personnages du livre, je ne peux leur offrir les Sept Merveilles du monde ni un

Général Romain mais je les soutiens moralement et, quelque fois, d'une autre manière dans la mesure de mes faibles moyens.

Le choix de la zone de *Maroala* s'explique également par le fait que cette zone très fertile est parfaitement inconnue. C'est à *Manaratsandry*, par exemple, que dès 1953-1954 que les cultivateurs commençaient le repiquage en ligne, et il fallu que des experts chinois de Formose en fassent la démonstration dans les environs de Tananarive en 1966-1967 pour que tout Madagascar le sache par la voie des ondes de la Radio Télévision Malagasy. Il y a donc certaines choses, certains problèmes, qui se montrent à nous, qui se posent à nous chez nous et que nous ignorons.

C'est pour essayer de réparer de tels oublis dus à la méconnaissance du milieu qu'enfin mon choix s'est fixé sur une partie de la terre Malagasy. Quand je lis des livres écrits sur Madagascar, les trois quarts sont rédigés par des étrangers et tous les Malagasy en sont étonnés ou en sont épatés. Quand je lis des livres écrits par des Arabes, des Africains et autres, j'y trouve des noms de villes arabes, africains etc. J'ai alors décidé d'appeler mes personnages par des noms typiquement Malagasy et pour donner une valeur vraiment malagasy, à mon travail j'y discute de problèmes spécifiquement Malagasy.

Il y a un nom que j'ai choisi et celui qui le porte existe réellement. Il s'agit de *Miajary*, un de mes amis d'enfance et ensuite camarade de classe. J'ai opté pour son nom parce que c'est un nom *Sakalava* assez courant et qui cadre bien avec la région. Cet ami n'est pas de *Maroala* mais d'*Antsatramira*, village situé à deux ou trois kilomètres de *Marovoay* sur l'axe *Marovoay* - Majunga. J'ignore s'il a été déjà à *Maroala*, j'ai complètement oublié de le lui demander quand nous nous sommes rencontrés la dernière fois à *Marovoay* les 28 et 29 avril 1971.

Je souhaite à chacune et à chacun une agréable lecture.

Brazzaville, le 11 juillet 1971
H.L RANDRIANASOLO-RAVONY

Le récit d'un Malgache en 1971 pour Madagascar, sous la Première République

I

Mois d'octobre. Un vendredi matin.

L'inauguration du pont est prévue pour 9h. Pourtant, dès 5h30 les paysans des villages de Marolambo et de Maroala reliés par le nouveau pont, très endimanchés, ont commencé à prendre place de chaque côté de la Betsiboka, le fleuve qu'enjambe aujourd'hui ce trait d'union bétonné. La cérémonie se passera du côté de Marolambo et, pour se sentir vraiment de la fête, quelques habitants de Maroala ont emprunté le pont avant même l'arrivée des autorités et se mêlent gaiement à leurs voisins rapprochés.

A 7h30, une section de la brigade de la gendarmerie de Marovoay, le chef-lieu de sous-préfecture, arrive sur les lieux dans un bruit métallique caractéristique des fusils qui s'entrechoquent et des freins grinçants, le tout au milieu d'un nuage de poussière rouge de latérite qui fait reculer instinctivement les spectateurs improvisés de cette scène insolite.

En effet, les femmes portent leur lamba sur leurs têtes protégeant ainsi leurs cheveux bien huilés à l'huile de coco et soigneusement tressés ; les hommes époussètent leurs costumes bien repassés quoique quelque peu fatigués.

Tout de suite, en militaires disciplinés, les gendarmes regroupés en colonnes par trois, le MAS 36 graissé à outrance aux pieds. Après avoir formé les faisceaux, ils se dégagent par la droite et se mettent à l'ombre des grands manguiers qui bordent la Betsiboka.

A 8h, un bruit de vitres cassées et de métal tordu attire l'attention de l'assistance grossie par la nouvelle vague de villageois. Un homme de petite taille, tout de blanc vêtu, sort d'une Citroën 2CV dont il est difficile de déterminer la couleur et qui ne doit plus figurer à l'Argus. A sa vue, chacun (et chacune) rectifie sa tenue : ceux qui sont assis se lèvent, le Commandant de la brigade de la gendarmerie fait réintégrer les rangs à ses hommes qui rompent les faisceaux. Le nouvel arrivant de la Citroën n'est autre que Monsieur Rakotosalama, Maire de la Commune Rurale de Marovoay-banlieue. En sortant de sa voiture, son écharpe aux couleurs de la Repoblika Malagasy ceint son ventre proéminent. Machinalement, il remet en place le nœud de sa cravate noire qui a fait le tour de son buste au cou de taureau. Se tenant droit, il tire le bas de son veston, épingle sur la partie gauche de sa poitrine sa médaille du Mérite Agricole et s'avance gaillardement vers le pont.

A sa grande surprise, la section de la gendarmerie lui présente les armes. Décontenancé, Monsieur le Maire à qui pareil honneur n'a point été attribué durant toute sa législature se tient gauchement au « garde-à-vous ». Il se décide enfin à marcher et serre la main du Commandant de la brigade qu'il connaît bien pour avoir effectué des tournées avec lui, faillit en faire autant avec les hommes de troupe figés dans un impeccable « présentez armes », le regard vague et lointain, si son camarade de tournée ne l'a pas rattrapé à temps. Ce dernier s'empresse d'ailleurs de faire reposer les armes et ordonne à ses hommes de se mettre au « repos ».

Monsieur le Maire appelle alors ses deux filles restées dans la voiture mais, celles-ci, bien nourries à l'instar de leur père, ont encore les yeux gonflés de sommeil parce que le maître de céans a dû les réveiller au premier chant du coq de sa basse-cour pour les emmener de Marovoay à cet endroit dans sa Citroën toussotante et poussive. Encore heureux qu'ils n'ont pas eu de panne en cours de route.

En homme qui a sérieusement appris ses leçons, Monsieur le Maire remet à ses filles le ruban tricolore qui barrera le passage du pont jusqu'à ce que l'autorité prévue pour la cérémonie le coupe. La plus petite des deux filles, visiblement la cadette, tient un coussin de velours rouge sur lequel sont placés des ciseaux dont l'éclat dénonce la date de leur acquisition : ils ne doivent pas être vieux de plus de vingt-quatre heures.

A 9h, toute l'assistance est aux abois ; les yeux n'ont plus qu'un seul point de mire : la route de Marovoay. Le soleil est déjà haut dans le ciel bleu d'azur immaculé. Les paysans, comme Monsieur le Maire d'ailleurs, se sentent à l'étroit dans leurs costumes ainsi que leurs orteils dans leurs chaussures. Le premier citoyen exhibe alors un tissu que la décence seule oblige à appeler « mouchoir » parce qu'il est aussi grand qu'une serviette de toilette ; il se met alors en devoir d'éponger son visage et son cou. Il consulte ensuite le programme des festivités et se rend compte que c'est effectivement « neuf heures » qui est l'heure mentionnée. L'attente fébrile commence. La chaleur, malgré les manguiers touffus et un léger vent qui monte de la Betsiboka, dessèche les gorges et Monsieur le Maire, en dépit d'un effort monumental, respire bruyamment par la bouche.

La Betsiboka, étrangère aux simagrées des hommes, coule indolente et majestueuse, charriant vers la baie de Bombetoka à Majunga pour les déverser dans le Canal de Mozambique (ou de Madagascar) des tonnes de latérite.

Les eaux rougies ne comprennent pas pourquoi, à cet endroit, une ombre transversale leur cache le soleil d'une rive à l'autre alors qu'elles s'enorgueillissent de se trouver dans un des plus grands fleuves de Madagascar.

A 9h25', des colonnes de poussières, signes précurseurs de l'approche de voitures redonnent l'espoir à l'assistance. Monsieur le Maire rectifie une fois de plus sa tenue, les gendarmes rejoignent les faisceaux, les deux filles dodues se tiennent devant la barrière de ruban, les paysans remettent les chaussures qu'ils ont retirées de leurs pieds endoloris pendant l'attente. Les colonnes s'approchent toujours et ne sont plus qu'à quelques mètres du pont. Monsieur le Maire ne tient plus en place et se porte à leur rencontre. Les agents de police rurale chargés de l'ordre dégagent quelques espaces pour les voitures des officiels. Enfin, celles-ci s'arrêtent. Monsieur le Maire ne pouvant plus se retenir, se précipite vers elles et est invisible pendant dix secondes, enveloppé par le brouillard de poussière. Heureusement pour lui, un vent plus fort dissipe ce brouillard et Monsieur le Maire, saisi d'une toux subite achève une toilette sommaire ; les autorités descendent de voitures suivies de leurs courtisans et des invités venant de Marovoay. Se croyant probablement fautif, Monsieur le Maire, tout penaud, s'avance pour accueillir les nouveaux venus laissant délibérément le nœud de sa cravate se promener sous son oreille droite.

Après les salutations d'usage agrémentées de souhaits de bienvenue, la troupe s'ébranle pour se diriger vers le petit abri aménagé exprès pour la circonstance. Il y a là Monsieur le Préfet de Majunga, représentant le Chef de province, Monsieur le Sous-préfet de Marovoay, des Parlementaires et des Notables de la Sous-Préfecture.

Monsieur le Maire s'avance et fait face aux Autorités mais un de ses proches voisins le tire par une manche de son veston et lui chuchote quelque chose à l'oreille. Le geste qui suit cette conversation mystérieuse traduit à l'assistance le contenu de l'entretien car Monsieur le Maire porte la main à son cou pour ramener le nœud de sa cravate à la place adéquate sous l'hilarité générale mais retenue des témoins attentifs.

Revue de troupe, hymne national, drapeau hissé, voilà une partie de terminée se dit Monsieur le Maire, et il s'apprête à prononcer son discours.

II

Toussotant un peu, histoire de s'éclaircir la voix et de se donner en même temps confiance et contenance, Monsieur le Maire s'avance courageusement et se tourne vers les Autorités, les deux mains jointes dans une prière muette. Mais...sa gorge, cette fois-ci véritablement irritée par la poussière avalée, ne lui laisse pas le temps de commencer. Emporté dans une quinte de toux, il décroise les mains pour étouffer un éternuement. Quand tout se calme, il commence à parler d'une voix de tête puisqu'il n'y a pas de micro amplificateur. Voilà ce qui est bien chez Monsieur le Maire : il sait parfaitement s'adapter aux circonstances ; il peut pleurer avec une veuve en consolant celle-ci d'une voix monocorde et pleurnicharde, comme il peut quelque minutes après faire une déclaration publique. Il s'y connaît en palabre, Monsieur le Maire.

« - Monsieur le Préfet, Représentant Monsieur le Chef de Province ;
- Monsieur le Sous-Préfet ;

- Messieurs les Parlementaires ;
- Mesdames et Messieurs,

En ce jour solennel de l'inauguration de cet ouvrage d'art que les générations successives admireront après nous, il m'appartient, en ma qualité de Maire de la Commune de Marovoay-banlieue, de prononcer un discours.

(Applaudissements)

Vous savez tous, depuis les grands « ray aman-dreny » ici présents jusqu'aux petits enfants, que je ne mérite pas de prendre la parole devant vous. En effet, je ne suis pas l'aîné mais le benjamin, je ne suis pas l'ancien mais le plus jeune, je ne suis pas non plus le champion du concours de palabre car je ne m'y suis jamais présenté, conscient de ma médiocrité en la matière, je ne suis en fin de compte qu'un pauvre citoyen, paysan et fils de paysans, indigne de vous parler même à genoux. Pardonnez donc mon audace aujourd'hui mais elle n'est pas délibérée puisque cette parole que je porte m'a été donnée. Si la parole n'est pas donnée, elle rabaisse celui qui parle mais, quand elle est offerte, elle le rehausse. Je la porte donc auprès de vous, Messieurs les Représentants de l'Autorité et devant vous ô peuple.

Cette situation étant éclaircie, je ne manquerai pas d'écarter les « tsiny ». Nos ancêtres ne pouvaient pas les supporter, je les imite car les « tsiny » sont comme le vent qui souffle dans un chemin creux, on ne les voit pas venir, on ne s'en rend compte que lorsqu'ils sont sur soi. Voilà, je décide de les jeter dans la Betsiboka afin que celle-ci les emporte dans la mer bien loin de nous, mes chers compatriotes et concitoyens.

(Applaudissements)

Tous les maléfices étant écartés, je me tourne vers vous, Monsieur le Préfet. Vous représentez parmi nous notre grand « ray aman-dreny », Monsieur le Chef de Province qui, lui-même, est l'émanation de notre estimable Président de la République. Je vous adresse ainsi qu'à votre famille et aux membres de votre suite les chaleureuses et sincères salutations de la population de cette petite commune rurale. Au nom de tous et en mon nom personnel, je vous remercie d'être, aujourd'hui, parmi nous. En effet, vous n'avez pas considéré la distance qui sépare Majunga de ce lieu rustique ; vous avez bien voulu vous réveiller plus tôt que d'habitude ce matin ; vous n'avez pas demandé à vous reposer après le long voyage sur la route poussiéreuse. Pour tout cela, Monsieur le Préfet, nous vous adressons nos vifs remerciements.

A toutes les personnes présentes ici, j'adresse bien le bonjour parce que ce jour n'est pas un jour ordinaire : il marque le début d'une ère nouvelle pour les habitants de cette zone. Bonjour à tous et à toutes. Que Dieu nous bénisse et nous fasse vivre dans la prospérité et l'abondance, que la famine ignore à jamais nos foyers, que nous soyons tous bien portants pour assister avec plaisir à d'autres inaugurations, que les femmes qui n'ont pas encore d'enfants en aient pour égayer leurs maisons et que nos récoltes soient bonnes cette année et les années à venir.

(Applaudissements)

Quand les salutations d'usage et les souhaits sont adressés, je voudrai maintenant me tourner vers le Gouvernement de la Repoblika Malagasy. »

Monsieur le Maire marque un arrêt pour donner l'effet suffisant à ce qu'il va dire et pour profiter de rectifier, par tic maintenant, la position du nœud de sa cravate. Il reprend :

« J'adresse au nom de ma commune nos vifs remerciements au Gouvernement et, en particulier, à notre bienfaiteur commun, le Président. En effet, malgré notre petitesse, malgré notre misère, malgré notre état de campagnards, nous possédons quand même une place dans le cœur du Gouvernement et de son Chef prestigieux. Nous ne sommes pas délaissés, nous n'avons pas été considérés comme les enfants d'une autre mère, nous sommes maintenant sûrs de naître de la même mère que les autres Malagasy.

(Applaudissements)

En dépit de notre situation au fond de cette vallée, les rayons du soleil n'ont pas fait de discrimination et sont venus jusqu'à nous apporter la lumière. Le Gouvernement malagasy n'a pas oublié la Commune de Marovoay-banlieue, et y a construit cet admirable pont qui va soulager nos maux en facilitant l'évacuation de nos produits de l'autre côté de la Betsiboka vers Marovoay et Majunga. Nous disons adieu à partir d'aujourd'hui au transport par pirogues, lent et aléatoire. Un tel bienfait mérite mille mercis. Merci donc au Gouvernement. Je vous demande, Monsieur le Préfet, de transmettre à vos supérieurs toute notre gratitude. Dites-leur que l'œuvre qu'ils ont accomplie chez nous n'est pas tombée dans les mains de citoyens ingrats. Je profite de l'occasion pour dire notre attachement au Gouvernement, à son Président et au Parti majoritaire, le Parti du peuple dont nous sommes fiers d'être les militants de base. Je puis vous assurer, Monsieur le Préfet, qu'aux prochaines élections, la Commune de Marovoay-banlieue donnera 100% de ses bulletins au Parti

Gouvernemental. A la prochaine élection présidentielle, nous serons tous derrière notre vénéré Président.

(Applaudissements)

Nous sommes restés pendant plus de soixante ans dans la colonisation et jamais nous avions espéré ni imaginé qu'un jour un pont enjambera notre Betsiboka. Il a fallu l'indépendance obtenue par la sagesse de nos Gouvernants pour voir se réaliser cette entreprise gigantesque.

(Applaudissements nourris)

Je me dois enfin de remercier toutes les personnes qui, de près ou de loin, ont contribué à la réalisation de ce pont. Nous leur sommes éternellement reconnaissants et nos descendants seraient maudits s'ils oubliaient que ce cadeau incomparable leur vient de gens bien attentionnés et désintéressés. Les ingénieurs jusqu'aux manœuvres en passant par les compagnies commerciales ont nos remerciements les plus vifs et les plus sincères.

Permettez-moi donc pour terminer de crier :

Vive la Repoblika Malagasy !
Vive la Province de Majunga !

Vive la Commune de Marovoay-banlieue ! »

(Applaudissements interminables)

Monsieur le Maire se frotte les mains, tout son corps est ruisselant de sueur, mais il ne sort pas son large mouchoir. Il se tourne à droite et à gauche pour remercier l'assistance, content d'avoir accompli sans incident grave pour sa personne et pour son mandat une tâche qui le placera dans l'Histoire, l'Histoire de ce pont. Le voilà donc immortalisé. Il rejoint sa place mais auparavant Monsieur le Préfet s'est levé et lui serre chaleureusement la main ; ce qui a le don de faire travailler encore plus ses glandes sudoripares. Monsieur le Maire est aux anges, un sourire tout sucre tout miel apparaît sur sa bouche lippue. Quoi ? Enfin ! Ce n'est pas tous les jours qu'un Maire Rural est félicité par Monsieur le Préfet et puis...qui sait si à midi il ne déjeunera pas avec lui dans le meilleur restaurant de Marovoay. C'est une véritable promotion pour Monsieur le Maire.

Ayant libéré sa main parce que le Préfet a retiré la sienne, Monsieur le Maire la tend au hasard à la tribune provisoire tout en s'excusant par-ci, par-là qu'il aurait pu faire mieux sans cette maudite chaleur.

III

De stature athlétique, sans graisse superflue, Monsieur le Préfet est un homme élégant. Il rajuste sa casquette d'Administrateur Civil, jette de chaque côté un regard furtif sur ses épaulettes étincelantes et s'avance devant la foule.

(Applaudissements)

« - Monsieur le Maire ;
- Monsieur le Sous-Préfet ;
- Messieurs les Parlementaires ;
- Mesdames et Messieurs,

C'est pour moi un insigne honneur que d'avoir aujourd'hui à représenter Monsieur le Chef de Province, que je dois d'ailleurs excuser auprès de vous. En effet, il aurait tant aimé être parmi nous mais, convoqué à Tananarive pour assister à une réunion des Chefs de provinces présidée par le Ministre de l'Intérieur lui-même, il est obligé de partir. A son départ, il m'a chargé de vous transmettre ses regrets de ne pas avoir le plaisir de rester à Majunga, et il a insisté longuement sur le fait que même absent, son cœur est toujours avec nous.

(Applaudissements)

Après cela, je remercie Monsieur le Maire de ses bonnes paroles et je vous assure qu'elles nous ont touché. Au nom de Monsieur le Chef de Province et en mon nom personnel, je vous salue tous sans exception, hommes et femmes, vieux et vieilles, petits et grands, enfants et adultes ; je vous adresse mes meilleurs vœux de bonne santé et de prospérité.

Je remercie également Monsieur le Maire de la promesse faite pour l'attachement indéfectible de la Commune au Gouvernement de Monsieur le Président de la République et à sa politique. Je vous encourage sincèrement dans cette voie parce que je suis convaincu que c'est la seule qui puisse nous permettre de sortir du sous-développement, la seule en conséquence qui puisse nous apporter le bonheur sur cette terre de passage.

(Applaudissements)

Je me tourne maintenant vers vous, habitants et habitantes de Maroala et de Marolambo. Comme l'a dit

Monsieur le Maire, le Gouvernement a compris vos problèmes et ne vous a pas oubliés dans son plan de lutte contre le sous-développement. Avec des emprunts massifs, il a tenu à vous offrir dans le cadre des festivités du 14 octobre un cadeau quasi-éternel. Il est donc en droit d'attendre et d'exiger de vous une compréhension réciproque et un dévouement sans limites au service de notre chère patrie qu'est Madagascar. Je vous mets en garde contre les brebis galeuses qui peuvent sévir dans vos rangs de militants pour notre grand parti. Ces gens-là feront seulement une propagande subversive au profit de leurs propres intérêts. Puisqu'ils sont déjà repus, nantis, c'est à vous, paysans, vos familles, vos descendants qui récolteront les fruits de leurs mauvaises actions. Payez régulièrement vos impôts, soyez toujours en conformité avec les lois, bref, soyez des citoyens et des citoyennes modèles.

Maintenant puisque ce pont inespéré est construit, vos produits, notamment ceux de la rive ouest, de Manaratsandry à Maroala, ne souffriront plus de retards de transport ; assurez donc son bon entretien pour qu'il dure le plus longtemps possible.

J'ai déjà dit, tout à l'heure, que ce pont est inespéré et c'est pourquoi je le baptise « Le Pont de l'Espérance » parce qu'il a pour vocation première de sortir cette zone de la misère, c'est-à-dire de vous redonner l'espérance et la confiance en l'avenir. Montrez-vous dignes de ce cadeau.

Vive la Commune de Marovoay-banlieue
Vive le Pont de l'Espérance
Vive la Province de Majunga
Vive Madagascar »

(Applaudissements chaleureux)

On lit sur les visages l'impatience car tout le monde, maintenant, veut en finir. A 11h, le soleil est déjà haut dans le ciel. Les deux filles de Monsieur le Maire sont trempées de sueur ; elles sont restées devant le ruban durant les salamalecs et les palabres. Leur père les regarde, apitoyé mais impuissant. Le groupe des officiels s'avance vers le pont avec Monsieur le Préfet en tête de file et celui-ci s'empare enfin de la paire de ciseaux. Il prononce alors les paroles rituelles :

« Au nom de Monsieur le Président de la République et en vertu des pouvoirs qui me sont conférés, j'inaugure le Pont de l'Espérance. »

Et il coupe le ruban. Ce geste symbolique est accompli dans un tonnerre d'applaudissements.

Alors on s'empresse sur le pont ; il faut parcourir dans les deux sens les huit cents ou mille mètres qui séparent les deux rives. Arrivé à Maroala, Monsieur le Préfet est obligé de rester quelques minutes encore pour souffler un peu et pour serrer des mains. Chacun veut, à notre époque, sa part de bain de foule.

Le retour à Marolambo s'avère sans incident. Après une présentation des armes par la section de la Brigade de Gendarmerie de Marovoay, les officiels montent dans leurs voitures pour rattraper la suite du programme au chef-lieu de sous-préfecture. Les nuages de poussière disparaissent au dernier tournant et la foule sous la conduite des chefs de villages et de quartiers se disperse. Parmi ces paysans, il y en aura qui ne pourront pas descendre dans leurs rizières au moins pendant deux jours. Solides gaillards aux mœurs rudes et simples, ils sont ramollis par une inaction prolongée et des accoutrements inhabituels.

Le gain de la journée, et le seul, est que le Pont de l'Espérance entre en service le jour même.

IV

Toujours est-il qu'un jour de fête est un jour de fête, et qu'il mérite d'être sérieusement fêté avec tout ce que cela exige. C'est un jour de gloire pour le débiteur d'alcool du village de Maroala parce qu'en plus de ses clients journaliers, les citoyens de Marolambo viennent en force s'approvisionner et consommer chez lui.

Le bistrot est bien situé : à côté de la « Place de l'Indépendance ». En homme d'affaires avisé, le propriétaire a fait nettoyer la pièce, les nappes sont propres, les verres bien rincés et essuyés avec des torchons neufs ; les « tsakitsaky » composés de poulets rôtis, de foie et de rate de bœuf frits abondent sur le comptoir. Devant la boutique, une plaque soigneusement repeinte en blanc porte en rouge et bleu la mention : « TSARA FANDRAY MANDROSOA FA MORA BE » (Bon accueil - Entrez, c'est bon marché).

Le barman, secondé par deux serveuses, s'affaire et encaisse, avec un sourire toujours renouvelé, les sommes payées par les consommateurs. Le propriétaire, Monsieur Razaka, homme entre deux âges, assez bien bâti et fier de sa personne, évolue entre les tables, riant avec les uns, bavardant avec les autres, trinquant avec quelques familiers. De temps en temps, sa voix domine le brouhaha et le cliquetis des verres pour clamer : « Barman, une tournée pour la table n°6 aux frais de la maison ». Un sourire satisfait montre des dents blanches et impeccables qui contrastent avec le noir d'ébène de sa peau. Il pense déjà à son déplacement du lundi pour aller verser à la banque de Marovoay son gain de ce jour. Il attendra un taxi-brousse revenant de Manaratsandry et, en quelques heures, son argent sera mis en sécurité ; il en profitera également pour payer ses fournisseurs.

Pour le moment, il est aux anges. Le mouvement est intense dans le bar ; les gens vont et viennent sans cesse tant et si bien que très vite la pièce est devenue par trop exiguë. On suffoque littéralement. Mais, plein de ressources, le propriétaire, exalté, emprunte des tables et des chaises à des voisins pour les installer à l'ombre des manguiers et des cocotiers afin d'avoir une espèce de terrasse et le tour est joué.

Le bar ne désemplit que vers 15h. Des épouses bienveillantes donnent la main à leurs époux ivres qui, pour pouvoir se maintenir dans une position verticale douteuse, se sont débarrassés de leurs chaussures ou de leurs sandales. Les célibataires et les hommes mariés à femmes peu complaisantes rentrent chez eux en essayant de marcher droit et s'interpellent gaiement à haute voix, la langue bien pâteuse.

Pendant ce temps, les chefs des villages de Maroala et de Marolambo sont très occupés du côté de la Place de l'Indépendance que l'on arrose copieusement d'eau de la Betsiboka pour qu'il n'y ait pas trop de poussière. Comme dans tout le reste de la Grande Île, au moment de l'Indépendance ou quelques années après celle-ci, les habitants ont pris l'initiative d'ériger, une stèle à l'endroit le plus fréquenté du village, c'est-à-dire près du marché local. A Maroala, des maçons ont construit récemment un « Madagascar » peint en rouge et ils n'ont évidemment pas oublié d'y marquer les emplacements de Tananarive, la capitale, Majunga, le chef-lieu de province, Marovoay, le chef-lieu de sous-préfecture et, enfin, Maroala avec une certaine fierté teintée d'égocentrisme.

Au crépuscule, les habitants de Marolambo dans des vêtements bariolés entreprennent la « traversée » du pont pour venir à Maroala, tambour et tambourin en tête. Ceux de Maroala commencent à prendre place par groupes d'affinité autour de l'aire arrosée. On remarque sur les visages un sentiment de bonheur. En effet, ce n'est pas tous les jours qu'ils sont en fête car, à part le moment des moissons (et encore) lorsqu'elles sont bonnes, Noël et Nouvel An, rares sont les occasions de liesse dans le village. Quelques familles chrétiennes profitent des premières communions ou des fêtes religieuses à Marovoay pour s'évader un peu. Pour les autres, dont les problèmes de la foi sont résolus sur place, il n'y a pas lieu de quitter le terroir.

Maintenant, les jeux vont débuter. Les notables des deux villages rapprochés par le Pont de l'Espérance, désignés par leurs chefs, s'assoient sur des chaises disposées par rangée sur la minuscule estrade, où se trouvent habituellement dans un autre endroit la table et la chaise de Ramose, l'instituteur. Ils constituent le jury. Les jurés, heureux d'une telle considération ont l'air juste ce qu'il faut pour impressionner les candidats et les candidates. Le plus vieux d'entre eux se lève et dans un bref exposé, explique à l'assistance le but de la réunion : la joie est trop grande et les poitrines sont trop petites pour la contenir ; il faut l'extérioriser dans le calme et la dignité.

Après la vague d'applaudissements qui déferle pendant dix bonnes minutes sur la Place, le doyen des notables appelle une à une les troupes qui vont s'exhiber ce soir. Les lampes Petromax accrochées à des piliers de fortune diffusent une lumière tellement vive qu'on peut facilement voir, tout en restant debout, une fourmi ramper à terre.

Les groupes se succèdent au milieu du cercle des spectateurs, les chants et les danses varient à chaque fois. Ah ! Que la vie est belle aujourd'hui, la nuit semble ne vouloir pas finir et on peut se demander si demain le soleil va poindre.

Dans le dos de ces paisibles citoyens, tout à leur joie et complètement subjugués par l'ambiance de fête, des commerçants peu scrupuleux circulent pourtant avec des jarres ou des calebasses remplies d'alcool local (toaka gasy) fabriqué avec de la canne à sucre ou avec des anarcades. Des gobelets en émail ou en simple fer-blanc vont furtivement de main en main parce que la vente d'un tel alcool est prohibée. Les vendeurs n'en offrent qu'aux initiés pour éviter d'essuyer un refus qui les signalerait à l'attention du public et donc des autorités policières : les nouvelles vont très vite dans les villages où pourtant le téléphone n'existe point.

Toujours dans cette effervescence et profitant de ce qu'on s'intéresse à un autre spectacle, les jeunes gens et les jeunes filles se courtisent mutuellement dans les zones d'ombre. De plus, la lune qui, depuis quelque temps, s'est montrée, répand une lumière blafarde, propice aux rêveries. Des couples s'en vont vers le pont regarder les eaux de la Betsiboka ou tout simplement s'assoient à même le sol sous la véranda d'une maison de terre battue pour deviser tranquillement.

Les chants et les danses continuent à emplir la nuit de symphonies mélodieuses et nostalgiques. A minuit et demi, après le verdict prononcé par le doyen des jurés, joueurs et spectateurs se dispersent et rentrent chez eux.

Demain, Samedi, sera encore un jour de repos avec toutes les fatigues de la journée. Le travail ne reprendra sérieusement que lundi. Jusque-là, les commentaires de l'inauguration et des jeux occuperont encore les habitants des deux villages.

V

Lundi matin dès 5h30' le chant du piroguier, Monsieur Rajaona, se fait entendre au bord de la Betsiboka. Sa voix rocailleuse fredonne des mélopées en attendant les premiers voyageurs à passer. Avant, les passagers, pour l'inciter à toujours chanter ou pour se moquer de lui, répondaient :

Piroguier !
Ton chant encourageant
Réchauffe les cœurs
De tes voyageurs.
Sur les eaux calmes
De ce fleuve boueux
Ta pirogue glisse et glisse
Vers l'autre rive :
Spectacle banal.
Les au-revoirs,
Les retrouvailles
Sont monotones :
Spectacles quotidiens.
Heureux homme !
Le piroguier

*Fait traverser
Mais ne traverse pas.
Piroguier !
Ton chant mélancolique
Raccourcit la traversée
Du fleuve de la Mort
Et ton chant religieux
Etreint le cœur
Du condamné*

Mais ce matin, le piroguier ne risque point d'avoir des voyageurs parce que ses clients empruntent tous le Pont de l'Espérance. Par charretées, les régimes de bananes vertes ou mûres vont de Maroala à Marolambo à sec. Les pirogues de long courrier qui assuraient le transport de Maroala ou de Marolambo à Marovoay, en aval, sont toutes bloquées aux quais. Les éventuels passagers vers Madirovalo, en amont, continuent, comme par le passé, à suivre le même trajet. Ils attendent le passage de l'hydroglisseur qui vient de Madirovalo et vont à Marovoay, d'où ils sont acheminés par taxi-brousse à Ambato-Boeni, chef-lieu de sous-préfecture pour Madirovalo. Pour revenir, ils traversent la Betsiboka d'Ambato-Boeni à Ankarambilo puis voyagent en taxi-brousse sur une vingtaine de kilomètres encore avant d'arriver à Madirovalo, ce qui fait un trajet presque à sec par l'autre partie. On ne remonte que très rarement la Betsiboka parce qu'il faut d'excellents rameurs.

A 8h, les taxis-brousses arrivant de Marovoay soulèvent des nuages de poussière et, à grands coups d'avertisseurs sonores, appellent les voyageurs pour Manaratsandry. Ils prennent déjà à l'aller la liste des passagers pour Marovoay ou Majunga qu'ils embarquent au retour.

Le piroguier, en contrebas de la route, met instinctivement ses deux mains sur le visage pour éviter que les grains de sables lui brûlent les yeux et pénètrent dans ses narines.

A 8h30', il fait le bilan de la matinée. Avant l'inauguration du pont, il avait gagné, à cette heure-ci, près de 500 Fmg ; aujourd'hui, il n'a que les 10 Fmg que le gargotier des quais lui a rendu après son petit déjeuner composé d'une tasse de café noir et d'un gâteau de farine de riz. Il se souvient bien tout à coup qu'il s'est même abstenu de prendre un autre gâteau, et son estomac le tenaille maintenant parce que vide.

A 11h, écoeuré, Rajaona remet sa pagaie sur l'épaule droite et revient chez lui d'un pas traînant. En le voyant, sa femme se précipite vers lui et lui demande à brûle-pourpoint s'il est malade. Il fait un signe négatif de la tête en l'agitant mollement de gauche à droite sans prononcer une parole et baisse un peu la tête pour pouvoir pénétrer dans sa case. Il s'affale sur la natte qui sert de plancher, s'adosse au mur de terre battue peinte à la hâte à la chaux.

Respectueusement, sa femme prend place en face de lui en réunissant ses deux pieds sous elle. Elle guette le moindre des mouvements de son mari. Elle n'est sûre que d'une chose : son homme n'est pas un buveur donc il n'est pas saoul. Elle attend toujours, inquiète mais calme et digne comme elle l'avait appris en regardant faire sa mère devant les situations difficiles. Et Dieu sait que la vie n'avait toujours pas été rose !

L'homme allonge les jambes et se racle la gorge avant de parler, mais l'arrivée des quatre enfants du ménage l'arrête net. Deux garçons et deux fillettes, la morve pendante, pénètrent en criant dans la pièce où se trouvent recroquevillés les deux époux. Avec l'insouciance qui fait leur charme, les enfants déposent dans un coin leurs effets scolaires et, étonnés par le mutisme de leurs parents, s'approchent d'eux, les yeux pleins d'interrogation muette. S'enhardissant, l'aîné s'agenouille devant sa mère et demande doucement ce qui se passe. Y a-t-il un parent décédé ? Se sont-ils pour une fois disputés ? La mère couve son premier d'un regard attendrissant et protecteur : les larmes lui viennent aux yeux.

Alors, le père ouvre enfin la bouche mais pour demander gentiment à ses enfants de surveiller un peu la cuisson, et de ne pas les déranger dans leur entretien. L'épouse comprend la gravité de l'heure et encourage les petits à sortir. La peine et l'anxiété se lisent sur son visage mais elle n'en souffle mot.

Quand les enfants sont assurément dehors, le piroguier, d'une voix basse, parle à sa femme.

- Femme, dit-il, je reviens de mon travail sans rien t'apporter comme auparavant. Je n'ai dépensé de l'argent ni pour le donner à une maîtresse ni pour satisfaire d'autres plaisirs de la chair. On ne m'a pas dévalisé non plus. Le problème, c'est que je n'ai aucun passager ce matin.

L'épouse baisse ostensiblement la tête et attend la suite : que peut-il arriver encore de plus grave en ce moment, puisque c'est leur existence même qui est aujourd'hui gravement menacée.

- Voilà, chère femme, continue Rajaona, voilà. De quoi allons-nous désormais vivre ? Je suis né ici et j'ai toujours vécu aux bords de la Betsiboka. Pendant les périodes des travaux rizicoles, je quitte de temps en temps mon travail pour pouvoir t'aider dans le piétinage de notre rizière et, au moment du repiquage des semis, je ne suis présent qu'au début seulement pour ne pas faire attendre mes clients. Femme, ce Pont de l'Espérance ne me donne maintenant que des soucis et me désespère. En effet, j'ai déjà commandé une pirogue neuve à Marovoay et demain avec quoi vais-je la payer ? Disposes-tu encore de combien comme économie ? Et dire que tout ceci arrive presque en période morte ! Il n'y a pas encore de récoltes à escompter ! L'avenir s'annonce plutôt mal pour nous ma chérie. Et pourtant ! Je n'ai appris et exercé que trois métiers dans ma pauvre existence : pagayer, travailler la terre et être un bon époux pour toi !

La femme, pour le réconforter, s'approche de lui et murmure de doux mots à son oreille. Elle se détache de lui et parle la gorge nouée en étouffant un sanglot :

- Homme, dit-elle, je conçois très bien ta peine et tu sais parfaitement que je la partage. Mais, souviens-toi de ce que nous avaient appris nos parents : la vie est dure et il faut lutter tout le temps pour continuer à vivre. Tu es chrétien, tu crois en l'existence d'un Dieu miséricordieux. Remets ta confiance en Lui et ressaisis-toi.
Si le Pont de l'Espérance nous enlève des revenus sûrs, cherche à exercer un autre métier pendant la morte saison. Je serai toujours à tes côtés puisque je l'avais promis il y a dix ans de cela devant le prêtre qui nous avait alors unis pour le bien et pour le pire.

- Merci femme, répond simplement Rajaona tout en embrassant la mère de ses enfants sur le front.

*

* *

Si la journée du piroguier s'est terminée plus tôt que d'habitude et ce dans la crainte maladive d'un sombre avenir, celle de la plupart des paysans de chez lui pourra se résumer ainsi :

Le soleil, âme du jour,
  Surgit à peine, déchirant en lambeaux l'horizon,
Que le paysan avec amour
  La bêche sur l'épaule, tourne le dos à sa maison
Rejoint sa rizière en sifflotant
  Entamant une journée comme toujours interminable
Ne finissant qu'au soleil couchant
  Endurant la fatigue et la chaleur impitoyables.

Le soir, le dos courbé,
  Les vêtements recouverts d'une poussière rouge ou blanche,
Le paysan revient épuisé
  Mais content d'avoir accompli une noble tâche
Assurant ainsi la subsistance
  D'une famille souvent nombreuse et, l'épouse au domicile,
L'attend avec patience
  Sans rien demander, prête à servir, soumise et docile.

Tout autre est ce spectacle

Qui frappe le citadin arrivant en ces lieux
Ayant franchi des obstacles :
*   Routes de pierres ou de terre, chemins sinueux.*
C'est le coucher du soleil
*   Quand il se trouve à la campagne défiant la nature,*
Admirant ce rouge vermeil
*   Teinte unique des rizières et des bœufs aux pâtures.*

La verdure, auparavant, pleine de vie,
*   Le grand espace où il évoluait librement,*
Se transforment en un paradis
*   Et le poète amoureux ne peut qu'admirer pieusement*
Ce paysage d'enchantement
*   Qui ensorcelle l'esprit et promet une terre nouvelle*
Loin des êtres vivants
*   Au-delà de ce monde de vices, auprès du Père Eternel !*

Sa joie augmente encore
*   Lorsqu'il voit alors dans le jour agonisant*
Des oiseaux aux ailes d'or
*   Revenir, par groupes serrés, au village en chantant.*
Le soleil, ayant bu,
*   Quitte les rivières qu'il cesse, pour une nuit, d'embraser,*
Raccompagne les paysans fourbus
*   Jusqu'à leurs épouses goûter à un repos mérité.*

Oui, pourrait-on répéter en chœur : un repos mérité. Oui, c'est bien vrai parce qu'après une journée passée au soleil avec un maigre repas à midi l'on est quand même en droit d'aspirer à un repos. Mais qu'est-ce que cette journée a-t-elle apporté au foyer du paysan ? Des vêtements sales, des odeurs de poussière, de boue et de sueur mélangées. D'argent, point.

Le repas du soir garde la même composition : riz avalé avec un bouillon de brèdes assaisonnées mélangé de tomates, de petites crevettes d'eau douce. La viande est rare à table, le poisson y est le bienvenu à chaque fois que l'épouse peut aller pêcher au bord de la Betsiboka, qui est très poissonneuse.

En guise de distractions, le paysan n'en connaît que trois : assister aux réunions publiques présidées par l'Ancien du village, raconter des histoires ou plutôt des contes appris dans son enfance à ses enfants, procréer avec l'aide constante de son épouse.

Cette dernière distraction peut étonner certains esprits qui crieront au scandale mais, dans un village où le modernisme n'a pas encore droit de cité, pas de cinéma, pas d'électricité, pas de théâtre, ... et après de rudes journées de travail, le lit est toujours le meilleur refuge. C'est au lit que le paysan peut en effet prétendre ressembler aux autres hommes, et même à Monsieur le Président de la République.

VI

Le soir au village, l'antsiva retentit :

Ohé ! Ohé ! Sonne l'antsiva
Ô sonneur !
Tourne-toi vers le couchant
Remercie le dieu Soleil
De nous avoir éclairé.

Ô sonneur !
Annonce le retour des pêcheurs
Au bercail.
Sonne l'antsiva
Pour le rassemblement,
L'Ancien prendra la parole
Au clair de lune
Pour nous faire part
D'une naissance.

Ô sonneur,
Sonne l'antsiva
Alerte les chasseurs

Qu'il est temps pour eux
De rentrer au village.
Demain
L'antsiva sonnera à nouveau

Pour réveiller les paysans
Qui rejoindront leurs champs.
Après-demain
L'antsiva résonnera
Pour proclamer
La liberté.

La liberté ! « C'est un de ces mots vides de sens » disait Paul Valéry. Pour d'autres, ce mot « liberté » représente quelque chose de supérieur, de mystique, de très cher, qu'ils défendent au péril de leur vie. L'hymne national français ne traduit-il pas cette pensée ?

« Liberté, liberté chérie
Combats avec tes défenseurs... »

Ces défenseurs de la liberté se trouvent un peu partout dans le monde, du Viêt-Nam à Burgos, en passant par le Moyen-Orient et le continent africain. Leur action se résume dans les quatre vers suivants :

« Quelque part pourtant, insensibles au froid,
　　　　　　　　des hommes-fauves
Fusil ou mitraillette à la main, meurent ou se sauvent

Elevant au ciel blanchi de poudre leurs cris de fierté :
Ce sont, dit-on, les défenseurs farouches de la liberté... »

Dans les pays nouvellement indépendants, la liberté signifie l'indépendance politique, la fin du colonialisme visible, la dignité retrouvée, la gestion des affaires nationales par des nationaux etc. A Madagascar, cette indépendance doit avoir pour corollaire le travail de chacun selon les principes édictés par le Chef de l'Etat. Toute personne qui travaille dans l'indépendance devra donc, en principe, se sentir plus libre qu'avant. Les controverses qui opposent le parti au pouvoir et les autres sur la signification de la liberté concernent toutes ou presque des positions politiques.

Une autre forme de liberté est celle de considérer quelqu'un comme un adulte, et de ne pas le traiter comme un enfant. Le paternalisme n'a pas et ne doit pas avoir de place dans la liberté. L'Ancien pense que c'est là une meilleure manière de gouverner les gens : les rendre responsables de leurs faits, de leur travail au lieu de les couver à l'image d'une mère poule ; de travailler à leur place au lieu de les faire travailler, de leur servir en quelque sorte leurs repas au lit au lieu de leur faire préparer eux-mêmes ce qu'ils veulent manger etc.

La faillite de l'assistance française à Madagascar réside, continue l'Ancien, dans cette erreur : les assistants techniques font le travail que doivent accomplir des Malagasy qui sont contents de croiser les bras ou de se promener en ville. Je ne m'étonnerai guère si cette assistance technique, dans sa forme actuelle, sera un jour remise en cause. En effet, il faut comprendre où se cache le mal. Si les assistants techniques français partaient tous, que nous resterait-il, étant donné que nous avions été habitués à vivre à l'écart des réalités actuelles ? Nous serons obligés alors de faire venir d'autres assistants techniques. Ce sera un peu comme ce vieux monsieur de l'administration qui, au lendemain de l'indépendance, s'était brusquement trouvé à la tête d'un service, alors qu'il avait toujours obéi sous les ordres d'un vazaha. Devenu chef, il est resté un excellent subordonné avec la mentalité d'un subordonné, le comportement d'un subordonné. Il ne faut pas s'étonner si ce vieux fonctionnaire traite avec beaucoup de considération l'assistant technique qui est présentement son adjoint, et avec mépris ses compatriotes. C'est ça pour lui la liberté.

A Maroala et à Marolambo, le concept de liberté revêt une forme particulière. Combien de fois au cours des veillées les paysans discutent-ils de la liberté. Sur le plan politique, ils sont en règle, même s'ils ne comprennent rien à rien. Ils ont chacun la carte de membre du parti majoritaire et cette possession leur suffit largement. En effet, ils ne connaissent que deux sommités politiques : Monsieur le Maire de Marovoay-banlieue et Monsieur le Député qui est prétendu les représenter à l'Assemblée Nationale. Mais ce dernier n'est visible aux deux villages qu'à l'approche des élections législatives. D'ailleurs cette personnalité habite Marovoay et depuis l'indépendance, le titulaire du siège a changé à trois reprises. Pendant les élections municipales ou législatives, les paysans viennent en masse déposer aux urnes le seul bulletin qui leur est proposé comprenant une liste de personnes qu'ils ne connaissent pas pour la plupart. Après quoi, ils repartent tranquillement chez eux indifférents aux commentaires, aux palabres et aux résultats. Que leur importe le résultat final qui est connu d'avance. La liberté sur ce point précis ne les préoccupe guère.

Mais il est une forme de la liberté qui les intéresse grandement. C'est la liberté sociale si l'on peut dire. Quand le chef de village réclame les cotisations du parti ou autres, quand les policiers de Marovoay font des barrages sur les routes pour demander avec véhémence les reçus de paiements des impôts, alors, les paysans sont déroutés parce qu'il n'y a aucun rapport entre les diverses servitudes pécuniaires et leurs revenus annuels. L'essentiel, pour eux, c'est de pouvoir manger et la question qu'ils se posent est : « Sommes-nous libres de manger ? »

- Voici ce qui nous arrive expose un homme costaud du nom de Rasolo dont les muscles des bras saillent à chaque mouvement, nous n'avons qu'une seule rentrée d'argent dans l'année. C'est quand le varijeby est récolté et vendu à Marovoay. Le reste de l'année nous ne faisons que bricoler.

- Je continue, s'impatiente un autre dont le visage reflète l'anxiété. Savez-vous que nos récoltes, bien avant la moisson, sont aux trois-quarts vendues parce que, pendant la période morte, nous sommes obligés de manger, et pour ce faire d'emprunter de l'argent à ceux qui en ont en hypothéquant les prochaines récoltes. J'ai même su incidemment que dans la région du lac Alaotra, les agriculteurs répudient leurs femmes pendant la période de soudure. En 1962, quelqu'un au bureau de la sous-préfecture à Marovoay me disait que le Gouvernement s'occupait des paysans, et que l'usure serait combattue. Mais jusqu'à maintenant, notre calvaire continue. Vous empruntez 5.000 Fmg, vous paierez 1.000 Fmg d'intérêt par mois.

- Si ce n'était que ça ! Soupire un petit homme à l'œil malicieux. Les prix de nos produits baissent d'année en année. Je me souviens avoir vendu le sac de paddy à Marovoay à 1.100 Fmg. C'était en 1958. Cette année le même sac est vendu à combien ?

- 600 Fmg, répondent en chœur les hommes présents.

- Et dans tout ça, reprend le petit homme, une petite soustraction nous donne la différence de 500 Fmg par sac ce qui, à la tonne, nous fait perdre 10.000 Fmg. Pourtant nous savons pertinemment qu'une telle somme n'est jamais à dédaigner pour nous.

- A cette allure, continue le chef du village, si un agriculteur produit trois à quatre tonnes par hectare, au bas mot, il perdra trente mille à quarante mille francs, alors que ses achats à crédit peuvent déjà être payés avec cette différence. A côté de tout ceci, les prix des produits manufacturés augmentent dans une proportion effrayante pour nos bourses.

- Je vous dis, proclame Rasolo, actuellement c'est moi, c'est vous, c'est nous qui supportons le poids des dépenses de la nation. Nous avons bon dos de porter ce fardeau. Avant, on nous achetait nos produits ici même, ou tout au moins à Marolambo avec des prix honnêtes. On nous payait au comptant. Peut-être qu'à l'époque beaucoup essayaient de nous tromper mais toujours est-il que nous vivions mieux. Allez un peu à Marovoay, à Ambato-Boeni, à Madirovalo ou à Manaratsandry, et demandez aux gens de quelles années datent leurs maisons avec des toitures en tôles galvanisées et des planchers cimentés. Ils vous répondront que c'était à l'époque où le paddy, l'arachide, le raphia se vendaient à des prix doubles sinon triples de ceux d'aujourd'hui.

- Une chose était bien, dit alors un homme au torse nu qui n'a fait qu'écouter jusque-là. Avant, nous étions payés sur le champ. Maintenant, et j'ai vu cela à Marovoay et à Ambato-Boeni, dans les coopératives de ces deux villes, il arrive souvent que les producteurs attendent deux à trois jours, voire une semaine, pour avoir de l'argent qui vient, parait-il, de Majunga. Imaginez alors quelqu'un qui arrive de Maroala rester une semaine à Marovoay à flâner autour de la coopérative. L'on parlait des points de collecte mais les agents qui s'y trouvent sont incapables de payer. Alors ? Qu'allons-nous devenir ?

Chacun réfléchit intérieurement et au bout de quelques minutes, le petit homme rompt le silence.

- Je n'envisage guère de devenir ou d'avenir autre que ce que nous vivons présentement. Il y a trop de simagrées, trop de déclarations vides de sens ou de contenu. On nous nourrit d'espoir fait de démagogie mais ce sont toujours les autres qui bénéficient des efforts des pauvres. Nous, pauvres paysans, nous resterons éternellement paysans, et nous continueront à être écrasés si le système actuel persiste. Misère de misère ! Je n'ai pas fait beaucoup d'études mais j'aimerais que mes enfants en fassent. Actuellement, même pour fréquenter des écoles publiques, il faut payer des pensions d'internat. Où voulez-vous que je trouve onze mille ou dix-sept mille francs par trimestre pour assurer leurs études par personne ?

- Et l'Etat, que fait-il ? Demande quelqu'un.

- Oh ! Vous savez, l'Etat, répond l'Ancien, pour les bourses, ce sont toujours les enfants de riches et de fonctionnaires qui les reçoivent. Les nôtres dans ce cas n'iront pas loin. La discrimination est encore sensible au niveau du recrutement dans les écoles. Les parlementaires font des interventions à gauche et à droite pour avoir des places dans les écoles mais pour les enfants de villes. Combien de fois avons-nous vu Monsieur le Député à Marovoay ou à Marolambo ? Avant même que nous n'arrivons à Marovoay, toutes les écoles sont bondées !

- Dans le même ordre d'idées, dit Rajaona, le piroguier, après s'être excusé auprès de l'Ancien, seuls les riches bénéficient des prêts de la Banque Nationale je-ne-sais-plus-comment. Un paysan ne peut en avoir parce que les responsables leur demandent, en vertu de la loi qui les régit, des garanties. Mais que puis-je, moi, déclarer comme éléments de garantie ? Je n'ai pas de salaire mensuel, je n'ai pas de biens meubles ou immeubles. Je n'ai que ma pirogue et ma maison. Si les récoltes sont mauvaises, cette banque-là saisira mes biens, ma famille et moi serons rejetés de la maison et, personnellement, je risque d'être emprisonné. On nous invite à nous grouper pour acheter des charrues et des tracteurs. Les gens qui disent cela connaissent-ils nos conditions de vie ? Sont-ils venus jusqu'à nous pour entendre nos doléances ou pour apprécier nos richesses ?

- Tu viens de dire quelque chose qui est très grave, s'indigne l'Ancien, mais c'est très juste. C'est à propos de nos récoltes. Les non-agriculteurs oublient trop fréquemment que nos produits sont périssables et putrescibles, que leur transport pose toujours des problèmes, que leur conservation est quasiment impossible pour certains, que la production elle-même dépend des conditions climatiques et d'autres facteurs dont l'argent. Maintenir des prix très bas sera alors un acte d'homicide parce que ce n'est pas en vendant à bon marché des quantités non industrielles que nous sortirons de la misère. Avec des machines, les usines peuvent fabriquer par jour tant de voitures, tant de mètres de tissus etc. ; et ce, à l'abri de calamités naturelles, dans le confort et la sécurité imposés par le fameux code du travail. Mais nous ! Pour avoir un ananas, il nous faut trois à quatre mois de soins et d'attente.

- Dans tout cela, il y a quelque chose qui échappe aux citadins. Ils ne pensent pas que, si nous ne produisons plus, ils vont mourir de faim avec nous. Nous encore, nous sommes comme nos bêtes, nous avions appris à nous contenter de peu mais eux qui sont habitués à avoir une table bien garnie, ils commenceront à pleurer quand ils ne verront pas la banale salade au marché. Bref, il nous faut réagir contre toutes ces injustices mais ... il se fait tard, la lune est loin et les coqs vont chanter. Nous reparlerons de nos problèmes une autre fois. Avant de partir, je vous demande de chanter avec moi l'hymne de la désillusion.

Et tous ces hommes d'âges différents mais unis dans la pauvreté se lèvent et entonnent :

Ô Bwana ! Nous t'avons longuement acclamé
Lorsque tu t'es montré à nous au milieu de tes partisans.
Semaine après semaine, le feu de la victoire a brûlé
Célébrant le triomphe des Bwana Noirs sur les Bwana Blancs.
Mais, Bwana, la fête ne peut pas durer longtemps,
Il nous faut revenir à note travail de toujours :
Pour t'honorer des milliers de patriotes ont quitté leurs
champs,
Mais voilà qu'ils n'auront rien à manger pendant des jours.
Ô Bwana ! Tu nous as promis la richesse et l'abondance,
Nous avons combattu à tes côtés, l'as-tu oublié ?
Car il nous semble ne recevoir que ta répugnance
En dédommagement du sang que nous, nous avons donné.
Marche donc les pieds nus comme nous, Ô Bwana !
Dors aussi à ciel ouvert, mange ce que nous mangeons,
Tu comprendras alors, tu comprendras sûrement Bwana
Que nos malheurs persistent encore et que nous en souffrons.

Le Pont de l'Espérance

Ô Bwana ! Qu'y a-t-il de changé, depuis ?
Tu nous répondras que le Bwana Blanc n'est plus là
Mais que nous continuons toujours à puiser l'eau du puits
Car l'eau courante est seulement chez toi, Ô Bwana !
Ô puissant Bwana Noir ! Le Bwana Blanc n'est pas parti
Il est chez toi, il est dans tout ce que tu as fait
Il a emprisonné ton corps et même ton esprit,
Aie pitié Bwana ! Car tu n'es plus celui qu'on connaissait.

Le Bwana Blanc a habité cette belle demeure,
Et, à son départ, Bwana Noir se précipite dans la maison ;
Le Bwana Blanc a offert une réception en son heure
Et Bwana Noir en fait autant sans une seconde de réflexion
Ne te fâche donc pas si je te révèle la vérité :
Tu nous as toujours considérés comme des ignorants
Des ignorants sourds-muets ! Mais, aie pitié Bwana, aie pitié
Si je te dis que le Bwana Noir vaut bien le Bwana Blanc.

VII

Il y avait une fois, dit-on, commence le récit du paysan assis avec sa femme et ses enfants sur l'étal qu'il a construit sous sa véranda faisant face à la Betsiboka, cette mère nourricière. Il y avait une fois deux petits garçons qui se trouvaient dans une même classe d'école. L'un était aussi riche que l'autre était pauvre.

L'assistance très attentive boit littéralement les paroles du chef de famille tout en se laissant bercer par le petit vent qui souffle du fleuve.

Un jour, Ramose, le maître, leur demandait la couleur de l'écrevisse sans spécifier l'état : cru ou cuit. Le fils de riches leva le premier la main et répondit : « les écrevisses que mon père m'achète sont toujours rouges. » Le fils de paysans, trouva grossière la réponse de son collègue, annonça sans attendre l'autorisation du maître : « les écrevisses que je pêche ont toujours été noirâtres teintées de vert. »

Le maître arrêta l'interrogation et invita les élèves à réfléchir. Savez-vous pourquoi ?

Une pose de deux minutes et après avoir reposé la question, le chef de famille donne la réponse :

- Pour l'enfant de riches qui n'avait pas vu une écrevisse vivante, la couleur ne pouvait être que rouge parce que c'est la couleur que prend l'écrevisse après la cuisson. Avec l'argent de ses parents, ce garçon n'avait nul besoin de s'inquiéter de l'état de l'écrevisse crue ;

- Par contre, pour l'enfant de paysans, l'écrevisse ne devait être colorée que de sa couleur naturelle. En effet, toutes les écrevisses qu'il pêchait allaient directement au marché pour être vendues. Les manger alors qu'il pouvait les vendre lui semblait être une aberration, une hérésie.

Ce dernier garçon vous donne l'exemple du sacrifice que nous faisons tous pour obtenir le minimum vital et parfois moins que le minimum.

Les deux histoires que je vais maintenant vous raconter sont d'une autre portée. Voici la première :

Le Pont de l'Espérance

Un beau jour ensoleillé
Un promeneur émerveillé
Admirait avec ferveur
La campagne sous la chaleur.
Ramassant au hasard de sa promenade
Quelques pierres pour camarades
De sa solitude voulue
Les lançait sur l'herbe drue.

Mettant à l'épreuve un vieux dicton
« Pierre qui roule, en effet, dit-on
N'amasse pas mousse » ; il examinait
A chaque fois la pierre retrouvée.
Les pierres se succédaient sur le tapis vert
Et au milieu de tout cet enfer
Le vieux dicton se confirmait
Car d'herbe pierre n'amassait !

Que serait-ce alors, se disait-il,
Par un raisonnement très subtil
D'un homme qui, au cours de sa vie,
N'avait rien fait pour son pays ?
Ne ressemblerait-il pas à ces projectiles
Qui sont animés par une main virile
Pour meubler un amusement futile
Au milieu d'un bonheur fragile ?
Les bons principes jadis suivis
Sont piétinés par des sans-soucis

Qui ne font que se pavaner
Et n'hésitent pas à vous rire au nez
Si par malheur vous osez leur dire
Qu'un jour ils se feront maudire
Et seront chassés de leurs maisons

Pour culpabilité de trahison.
Et les générations futures diront ceci :
« Hommes qui avaient trahi
Ne semaient aucun bonheur,
Ils inspiraient plutôt la peur. »
Surpris par ce qu'il pensait
Ne sachant qui il offensait
Le promeneur solitaire effaré
Dans la campagne s'était égaré.
Une pierre dans chaque main
Il revenait le surlendemain
Et répétait souvent dans sa frousse
« Pierre qui roule n'amasse pas mousse ! »

Cette histoire m'avait été racontée par mon grand-père maternel à plusieurs reprises pour m'apprendre à aimer notre pays. Je le raconterai encore parce que, même pauvres, nous pouvons servir notre pays en travaillant, en donnant le meilleur de nous-mêmes : planter des arbres, faire des digues, augmenter le rendement du paddy à l'hectare, ... sont beaucoup plus à notre portée qu'offrir les Sept Merveilles du Monde ou un général romain à Monsieur le Président de la République à son anniversaire. A ce propos, moi-même (et vous avec moi), je n'ai jamais fêté d'anniversaire ; je ne vois pas pourquoi je me fatiguerai pour celui des autres, alors que je fais des mains et des pieds pour vous assurer une vie prétendue normale. Nous pouvons donc participer, sans grand éclat, certes, au développement de note pays et, surtout, essayer honnêtement de sortir de la misère où nous nous trouvons.

Justement, en vous parlant d'honnêteté, je ne peux que vous répéter les recommandations de mon grand-père paternel. Jugez-en par vous-mêmes; ce n'est pas une histoire comme une autre, c'est plutôt une succession de principes moraux à observer. Mon grand-père me disait :

Si tes yeux ne te servaient qu'à désirer l'épouse de ton prochain
Ou à détailler la façade du magasin que tu comptais cambrioler,
Ou encore à épier les défauts des autres sans penser aux tiens
Autant être aveugle et mendier sur le trottoir les yeux fermés.

Si ta bouche ne te servait qu'à dire du mal d'autrui,
Ou à proférer des menaces envers tes semblables,
Ou encore à raconter tes exploits douteux de menteur d'acabit
Autant être muet pour ne pas tenir des propos blâmables

Si tes oreilles ne te servaient qu'à écouter des félonies,
Ou entendre des racontars de vieilles femmes désoeuvrées ;
Ou encore à enregistrer des balivernes et des sornettes d'abrutis,
Autant naître sourd pour ignorer que les hommes sont mauvais

Si ton intelligence ne te servait qu'à préparer des complots
Ou à te satisfaire des vils services que tu proposes d'apporter,
Ou encore à te permettre d'exploiter l'ignorance des badauds
Autant ne pas avoir de cerveau et rester minable demeuré.

Si ton corps ne te servait que pour accomplir tes désirs de mortel,
Ou à tromper tes proches par ton aspect d'ensemble harmonieux

*Ou encore à faciliter ta tâche de palabreur des moments solennels
Autant ne pas naître pour se souiller mais habiter les cieux.*

VIII

Le soir du mercredi, Rajaona le piroguier s'en va assister sur la place publique à la veillée coutumière qui permet aux villageois d'attendre le sommeil, et goûter à un peu de fraîcheur après une journée de labeur. On sait que sur la côte Ouest et Nord-ouest de Madagascar, les gens ont l'habitude de ne rentrer dans leurs maisons qu'à des heures très avancées de la nuit. La terre se refroidit moins vite que la mer ou les rivières pendant les périodes de chaleur, et les habitants préfèrent se promener, ou se mettre devant leurs portes, allongés sur des nattes finement tressées, que de s'enfermer à l'Intérieur après le repas du soir.

Telle est l'habitude mais la discussion engagée entre les hommes présents sur la place ce soir fait apparaître un problème d'une poignante acuité.

- J'ai entendu, aux nouvelles diffusées à la Radio aujourd'hui que le Gouvernement comporte maintenant un Secrétariat d'Etat à la Femme et à l'Enfant, annonce Ranaivo le menuisier. Deux Commissariats Généraux seront créés ultérieurement pour être adjoints à ce Secrétariat d'Etat. Je suis peut-être convaincu de la nécessité d'une telle réalisation, mais je ne saisis pas bien la portée de cette création pour nos épouses.

- Oui, dit Randria le coiffeur, la promotion de la femme Malagasy est une très bonne chose, certainement pour nos filles, mais pour nos épouses je crois que le temps est révolu. En effet, comment voulez-vous qu'avec huit enfants ma femme vive autrement que comme elle a toujours vécu ? C'est déjà beaucoup si le sacrifice des mères pouvait assurer un avenir meilleur à leurs filles.

- Tu as raison, répond l'Ancien, mais pour moi, le problème n'est pas à un niveau déjà aussi élevé. Je pose la question suivante : pourquoi ce sont les plus pauvres, en général, qui ont le plus d'enfants et particulièrement les gens de brousse comme moi, comme vous ? Avez-vous déjà essayé de vous l'expliquer ?

- Oui, s'écrie Rajaona le piroguier. J'y ai longtemps réfléchi mais je n'ai pas trouvé un remède adéquat. En effet, après le travail des champs ou après avoir pagayé toute la journée, quand je rentre à la maison retrouver la mère de mes enfants, voici mon emploi du temps : manger, prendre un peu l'air sous la véranda si je ne viens pas à la veillée, dormir. Ces mêmes choses se répètent du 1er janvier au 31 décembre, et ce durant toute la vie du couple. Dans ces conditions, la seule distraction qui m'est offerte est de me coucher avec ma femme et de l'honorer. Il est vrai que pour nous Malagasy les enfants sont considérés comme des richesses mais il faut les nourrir, les vêtir, les éduquer. Avec quoi ? Maintenant, avec le Pont de l'Espérance, j'ai perdu mon gagne-pain. Je ne peux pas devenir menuisier ou coiffeur ou ferblantier parce que déjà, il n'y a pas assez de clients pour un seul artisan de chaque branche dans le village. Force m'est donc de retourner à la terre mais le « varijeby » a sa saison : on ne cultive pas du riz toute l'année.

- Ton problème est exactement pareil au mien, dit alors Rakoto le ferblantier. A la rentrée d'octobre dernier, j'ai accompagné mon second fils à Majunga. C'est inimaginable pour nous ce que les Majungais mènent comme vie, le jour comme la nuit. Je me suis demandé une fois si les gens là-bas pensent de temps en temps à leurs femmes. Il en y a qui vont au cinéma, au bal, aux bistrots, qui jouent aux cartes, aux dominos etc. Et tout cela avec un éclairage électrique comme ce qui vient d'être installé à Marovoay. Des professionnelles de l'amour parcourent les rues en quête de clients, ou attendent à leurs portes au quartier de Manga. Le dimanche, le stade municipal, à côté de l'Hôtel de Ville, est plein de monde. Il y a aussi des chanteurs et des sportifs tananariviens qui viennent pour des galas de chants, des matches de rugby, de boxe, ... Savez-vous ce qu'est le rugby ? Alors je me suis dit : « Si tu restes un mois ici, tu dépenseras ce que tu as gagné toute l'année » et je me suis empressé de rentrer à Maroala.

- Tu as bien fait, remarque l'Ancien. Une chose est à se demander : est-ce que nous, pauvres paysans, pouvons-nous nous intégrer dans un tel milieu ? Est-ce que nous serons reçus dans un grand restaurant de Majunga même si nous avions de l'argent pour payer le repas ? Avec nos plantes de pieds épaissies, tailladées par la boue, nos vêtements démodés et délavés, l'odeur de la terre qui se dégage de nos corps malgré plusieurs douches et du savon parfumé, nous aurons tôt fait de nous faire remercier dès l'entrée. Les « gens bien » ne doivent pas côtoyer des gens comme nous. Je crois que pour nous en sortir, il faudra intensifier l'instruction de nos enfants pour qu'ils connaissent plus tard une autre existence.

- Mais sans vous couper la parole, avance avec respect Rasolo, un autre problème apparaît. En effet, nous courons le risque de nous faire oublier par nos enfants, qu'eux-mêmes un jour oublient la terre de leur naissance et auront honte de dire à leurs amis, et à leurs épouses, qu'ils sont issus de familles paysannes. Le paysan devenu citadin risque de nous mépriser plus encore que ne le fait maintenant à notre égard le citadin de naissance.

- L'expérience a montré, dit l'Ancien, que ta remarque n'est pas dénuée de tout fondement. A l'heure actuelle d'ailleurs, nous assistons avec impuissance à une fuite éperdue de la terre par nos jeunes paysans. L'exode rural fournit la grande partie du prolétariat des villes. Avec les nombreux moyens de communications, les jeunes s'évadent plus facilement sans savoir à l'avance le sort qui les attend en ville, et qui est réservé aux imprudents. Cet attrait de la ville débauche complètement les jeunes paysans qui croient que tous les lendemains chantent là-bas.

- À ce propos, que faut-il penser des tournées de la Radiodiffusion et de l'Animation Rurale ? Questionne Razaka, le cabaretier. Si je comprends bien les explications de l'Ancien, ces choses-là, au lieu de nous rendre service, nuisent à notre relatif bonheur. Pourquoi en effet exhiber dans les villages des films qui montrent à nos enfants une réalité qui n'est pas la leur et qui est loin de l'être. Voir des gens bien habillés qui pénètrent dans des grandes maisons à plusieurs étages, qui mangent bien, qui dansent avec des filles faciles et sans complexes, ça tourne la tête à nos jeunes ! Ils se rendent brusquement compte de la précarité de leur situation et veulent à tout prix toucher et goûter à cela. Montrer aux jeunes paysans des films relatant les travaux de la terre avec, par exemple, une comparaison des méthodes ancestrales et des méthodes modernes serait souhaitable. Il semble que les services responsables y pensent activement. Je reste pourtant convaincu que ce n'est pas en vidant les campagnes que nous allons progresser et nous développer. Evidemment, le film ne sera pas suffisant pour maintenir nos jeunes chez nous, mais il constituera une action bénéfique au détriment du film de pure relaxe qui ne nous apporte que des soucis.

- Tu as raison, tranche l'Ancien. C'est le souci commun des paysans. Mais pour revenir à notre problème de procréation, je crois utile de parler à Monsieur le Maire quand il passera chez nous pour qu'il puisse envisager avec les autorités compétentes la mise en place d'infrastructures récréatives : hall d'information pour les vieux, terrains de sports pour les jeunes, et que sais-je encore.

Après avoir reçu l'approbation générale, l'Ancien déclare la réunion terminée.

IX

Le vendredi matin, vers 9h, un nuage de poussière annonce aux habitants des deux villages l'approche d'une voiture. Le véhicule traverse Marolambo, franchit la Betsiboka par le Pont de l'Espérance et s'arrête à Maroala dans un grand bruit métallique. C'est la 2CV Citroën de Monsieur Rakotosalama, le Maire. Il sort et s'époussète un peu. Un jeune homme sort également de la voiture et exécute le même rite. Le compagnon de Monsieur le Maire n'est autre que Miajary, natif de Maroala mais qui travaille à Majunga. Il contourne la Citroën, ouvre la malle arrière pour en tirer une valise toute rouge de poussière.

Les habitants de Marolambo, ayant reconnu la voiture de Monsieur le Maire, viennent à Maroala. A Maroala, le Chef de village et les notables alertés accourent vers la place publique pour accueillir les nouveaux arrivants. Après les salutations traditionnelles, le groupe se dirige vers la Mairie. Miajary prend la direction de la maison de ses parents. A l'intérieur de la première maison du village, le premier citoyen, s'étant essuyé pour la énième fois le visage et la nuque, invite ses vis-à-vis à s'asseoir. Aujourd'hui, il n'y a pas de cérémonie pompeuse comme la semaine dernière mais la venue de Monsieur le Maire ne reste pas moins traditionnelle. Il l'explique :

« - Messieurs, je suis parmi vous une semaine exactement après l'inauguration du Pont de l'Espérance. L'Ancien et vous-même savez la signification du « famadihana andro », huit jours après une grande cérémonie, notamment celle du mariage. Ce vendredi et le huitième jour après le mariage de Marolambo et de Maroala : le Pont de l'Espérance les unit désormais pour le bien comme pour le pire. Ce mariage pourtant ne sera véritablement accepté qu'après le famadihana andro. Vendredi dernier, nous nous sommes réjouis à Maroala. Il est vrai que la présente cérémonie est plus simple mais elle est nécessaire pour permettre à tout un chacun de constater les délices et les difficultés de la vie à deux. Voilà, Messieurs, le but de ma visite. »

(Applaudissements nourris)

Le chef de village de Maroala se lève pour remercier Monsieur le Maire et donne la parole à l'Ancien parce qu'il s'agit d'une cérémonie traditionnelle et non administrative. L'Ancien se lève à son tour et parle ainsi :

« - Au nom des habitants de Marolambo, de Maroala et en mon nom personnel, je vous remercie Monsieur le Maire. Je vous remercie d'être venu chez nous, de ne pas nous oublier. Je vous remercie également et, peut-être, surtout, parce que vous respectez, en venant aujourd'hui, une tradition reçue de nos Ancêtres. Je vous avoue humblement que nous ne vous avons pas attendu, mais vous êtes quand même là sans autre formalité, ce qui nous réjouit sincèrement. Il est heureux pour des vieux de mon âge de rencontrer des plus jeunes qu'eux continuer à donner une certaine valeur, sinon une valeur certaine à nos traditions du moins à celles qui correspondent à la vie actuelle.

Voilà, le Pont de l'Espérance est construit et mis en service. Nos deux villages sont réunis, notre solidarité se renforce, nos liens se resserrent parce qu'il est plus facile maintenant de se voir, nos habitants se côtoient matin et soir, le Pont de l'Espérance n'a pas donné que du bonheur aux villageois. Je vous demande au nom de tous de bien vouloir accepter notre hospitalité toute la journée d'aujourd'hui et de partager nos inquiétudes. »

Monsieur le Maire se lève et accepte.

(Applaudissements)

La réunion est terminée, les notables vont avertir les femmes et les hommes qu'une personnalité est à Maroala, qu'il faut la recevoir dignement. Les femmes pileront du paddy, les hommes tueront le plus gras des bœufs du fokonolona pour marquer l'événement, les cornes seront ensuite exposées sur la Place de l'Indépendance.

A 16h, les enfants balaient l'espace qui se trouve près de la Betsiboka, à l'ombre de manguiers touffus qui dispensent une fraîcheur agréable. Des hommes apportent des nattes qu'ils déroulent. L'Ancien, Monsieur le Maire, les Chefs de villages, les notables, les hommes et les femmes valides affluent vers l'endroit. Chacun prend place et adopte une position qui lui semble stable et confortable.

Miajary, dépoussiéré est parmi ses concitoyens. L'Ancien prend la parole :

- En ma qualité de doyen d'âge, je dois parler en premier pour vous exposer tous nos problèmes. Je demande à mes amis, frères et sœurs, de compléter ce que je dirai, et de participer activement aux discussions. Nous sommes ici entre nous et nous ne devons pas hésiter à parler. Monsieur le Maire, depuis la mise en service du Pont de l'Espérance, Monsieur Rajaona, le piroguier et tous les bateliers ici présents sont au chômage.

Combien de personnes par jour doivent-ils nourrir ? Devront-ils se fâcher ? Leurs concitoyens ne seront pas incriminées car il est normal que, ne payant plus un franc par le Pont de l'Espérance la traversée de la Betsiboka, ils l'empruntent.

A côté de ce problème, mes concitoyens se rendent compte que leur vie à eux est loin du niveau de celle de leurs compatriotes citadins. Ils en souffrent physiquement et moralement.

Physiquement, parce qu'ils doivent travailler dur pour avoir un peu d'argent. Les prix des produits agricoles, au lieu de monter, baissent considérablement, alors que la hausse des prix des produits manufacturés ne s'arrête pas. Leurs enfants sont obligés d'interrompre leurs études parce qu'ils ne peuvent en supporter les frais. Ils n'ont pas de distraction.

Moralement, parce que lorsqu'un homme est moins riche qu'un autre, il se sentira nécessairement inférieur à celui-là. Nous disons toujours que « l'argent est le nerf de la vie ». Les paysans ne vivent plus car ils n'ont pas d'argent. Ils n'ont pas d'argent pour vivre décemment. Ils habitent des taudis, leur feu s'allume un jour sur deux, leurs femmes sont alourdies par des maternités fréquentes. Bref, ils ne peuvent pas s'aligner avec leurs compatriotes aisés parce qu'ils sont fuis par leurs propres semblables, des êtres humains comme eux, car ils ne sont bons qu'à produire sans mériter la moindre considération de la part des autres. Pendant les campagnes électorales, les candidats leur promettent mille merveilles mais, une fois élus, ces candidats vont vite de les oublier. Là encore, les paysans ne sont citoyens de la République que pour augmenter les bulletins en faveur des candidats du parti Gouvernemental. Et sans vergogne, on applaudit à la Radio Nationale que le grand parti a gagné d'une manière écrasante.

Voilà, Monsieur le Maire ce qui constitue en gros nos maux. Je vous demande de porter nos doléances devant les instances supérieures pour nous sortir de notre misère. Toute l'ardeur au travail, toute la bonne volonté et la somme d'énergie que nous pouvons avoir se brisent au moindre barrage des prix, à la moindre calamité. Nous demandons aide et assistance.

(Applaudissements)

Monsieur le Maire prend la parole et assure les personnes présentes de son total appui. « Vous pourrez m'arrêter, faire des remarques pendant que je parle ». Il continue :

- Je vais tenter de vous expliquer en ma qualité de responsable, et donc de représentant de l'autorité, l'économie de certaines choses. Procédons méthodiquement.

L'intérêt que le Gouvernement a voulu servir en demandant les prêts pour la construction du Pont de l'Espérance est l'intérêt général, l'intérêt de toute la région, du pays et non l'intérêt ou les intérêts de quelques citoyens. Cette zone où nous sommes est une plaine très riche, avec la plaine de Marovoay, elle constitue la seconde région rizicole de Madagascar après la zone du lac Alaotra. Mais les produits sortent difficilement parce que cette partie est séparée de la Betsiboka de l'axe Marovoay - Majunga ou Marovoay - Tananarive. La construction de ce pont permettra donc de libérer la zone par la route et Manaratsandry - Marovoay se fera, par exemple, en quelques heures en toute saison, à toute heure et en tout temps.

L'Ancien dit que beaucoup de gens ont perdu leur gagne-pain. Personnellement, je les encourage à s'occuper autrement. Vous vous lamentez parce que les récoltes ne sont pas faites, mais je suis certain que vous remercierez le Gouvernement d'avoir construit ce pont qui facilitera la jonction Maroala - Marovoay. Je vous exhorte à travailler toujours avec la même ardeur, car c'est vous-même, avec vos familles qui bénéficieront des avantages de l'utilisation du pont. D'ailleurs, il a été baptisé par Monsieur le Préfet le « Pont de l'Espérance », justement parce que notre région donne beaucoup d'espoir au Gouvernement dans la lutte contre le sous-développement.

En me résumant, il y a un intérêt qui est supérieur à la somme de tous les intérêts particuliers. C'est cet intérêt qui guide et anime l'action Gouvernementale. Il faut faire taire toutes les aspirations personnelles, locales ou régionales quand il s'agit de l'intérêt général.

Ramose, l'instituteur, lève la main pour signifier qu'il veut parler. A force d'être avec ses élèves, le maître finit par réagir comme eux : lever la main pour demander ou pour répondre. Il a la parole.

- Je vous remercie Monsieur le Maire de cette première explication, mais je vous demande d'excuser mes concitoyens parce que la notion d'intérêt général est une notion qui leur échappe. En effet, il y a un problème urgent et immédiat qui ne devra souffrir d'aucune attente : manger. Nos Ancêtres avaient bien dit que le ventre ne peut pas rester plat ou creux comme le dos. Ces mêmes Ancêtres ajoutaient que quand le ventre est vide, l'esprit s'en va ailleurs, il vagabonde. S'ils se plaignent donc, c'est que ces gens-là n'ont pas de salaire mensuel, ils mangent au jour le jour.

- Ce que dit Ramose est vrai, reprend Monsieur le Maire, mais la thèse officielle n'est pas fausse car elle repose sur le bien-être de tous. Vous savez, diriger et gouverner n'est pas une tâche facile : le Gouvernement ne peut pas satisfaire les désirs de chacun puisque, sinon, il faudrait autant de Gouvernements que d'habitants. C'est la raison pour laquelle le Gouvernement s'attache à la notion d'intérêt général qui est supposé représenter la majorité des intérêts individuels. Quelqu'un veut-il ajouter quelque chose ?

Personne ne répond.

- Alors, je continue. Pour les prix des produits agricoles et des conséquences qui découlent de leur baisse, je comprends parfaitement votre angoisse. En cela, il vous est facile de me croire car je suis sorti de vos rangs et ma place de Maire ne m'empêche pas de demeurer paysan et agriculteur. Je partage entièrement vos soucis. Dans ce cas-ci, je redeviens tout simplement Rakotosalama, citoyen Malagasy et ne représente plus que moi-même. Ce que je sais, c'est que des caisses de stabilisation de prix ont été créées mais j'ignore si elles fonctionnent toujours, et comment elles fonctionnent. Toujours est-il que les prix baissent par rapport aux anciens.

- La raison en est, enchaîne Miajary, qu'actuellement il y a des monopoles d'Etat. Avant, avec un marché plus élastique, les acheteurs étaient plus nombreux et pouvaient se faire concurrence au profit des producteurs. En effet, malgré les « coups de balance » et les autres escroqueries, le producteur se rattrapait sur le prix. Aujourd'hui, si la coopérative rejette votre marchandise, vous ne pourrez plus la vendre ailleurs et, si elle l'achète c'est à vil prix. Est-ce là le socialisme que l'on clame tant ? Est-ce là le moyen de nous sortir du sous-développement ? Je vous le demande.

Quand les paysans s'appauvrissent de plus en plus, est-on en droit d'être content et de dire que Madagascar est en pleine évolution ? A-t-on oublié que, dans le pays, 85 % de la population vivent en zones rurales ? Ce pont, qu'on a baptisé pompeusement « Pont de l'Espérance », à quoi servira-t-il si les producteurs de cette région n'ont rien à évacuer parce qu'ils n'auront pas d'argent pour payer les différents frais pour pouvoir cultiver ?

A mon humble avis, et d'après ce que j'ai appris, une coopérative doit naître d'une initiative privée, et travailler pour le bien des coopérateurs. Chez nous, c'est le Gouvernement qui accapare tout, on a créé des cadres de la coopération pour diriger les coopératives à la place des coopérateurs qui n'en tirent d'ailleurs aucun avantage.

Je m'excuse, Monsieur le Maire, mais moi-même je suis de cette région. Je sais comment on y vit, comment on y souffre et il est grand temps que ces injustices cessent. Chaque citoyen a quand même le droit de vivre décemment, c'est-à-dire habiter, s'habiller et manger correctement. On nous incite à travailler toujours plus qu'avant mais nous ne sommes pas payés en conséquence. Cela ressemble à ce vœu Malagasy s'adressant à un couple de jeunes mariés : « ayez sept garçons et sept filles ». Diable, qui va nourrir ces quatorze enfants par les temps qui courent ? Certainement pas ceux qui le souhaitent pour les époux :

    Alors l'Ancien se lève et parle :

Jeunes gens déçus
Ne baissez pas les bras
Nous avons vécu
Ce que vous ne verrez pas.
Jeune homme en transes
Chante et danse
Au son de la flûte.
Jeune fille aux seins pointus
Ne pleure plus et dis un mot
Depuis longtemps tu t'es tue
Débarrasse-toi de ce fardeau
Femme au regard limpide
Tes yeux m'inspirent confiance
Quel homme ne devient pas intrépide
En t'aimant en silence.
Car tu es la femme adorée
Symbole de la fécondité
C'est toi que le peuple alarmé
Attend pour le sauver.
Femme, tu es mienne
Tu es celle de tous mes semblables ;
Tu es ma terre et la tienne

Est nos cœurs vulnérables.

Homme désabusé
Que fais-tu dans ce pré ?
Ne t'as-t-on pas accusé
D'avoir menti exprès ?
Mon frère, ressaisis-toi
Lève la tête et marche
Quitte cet endroit
Et rejoint l'arche.
Là se trouveront les élus
Ceux qui repousseront
L'assaut des farfelus
Que nous vaincrons.

A ces derniers mots, l'assistance ne peut plus se retenir et applaudit à grands cris. Monsieur le Maire connaît bien les sentiments profonds qui animent ces braves paysans et bons patriotes ; il choisit le parti de se taire leur laissant le loisir de savourer cette petite victoire. Quelques minutes après, il rompt le silence et changeant de sujet, demande à Miajary de raconter sa vie de citadin.

Le Pont de l'Espérance

X

- Avant de vous raconter vraiment cette vie majungaise que je mène depuis à peu près trois ans, je dois d'abord commencer par une mise au point qui va certainement étonner beaucoup d'entre vous.

Les parents Malagasy souhaitent à tout prix que leurs enfants deviennent des fonctionnaires de l'Etat. J'ai maintenant cinq ans de service, mais laissez-moi vous dire que vous êtes encore plus heureux que beaucoup de fonctionnaires. Il est vrai que certains fonctionnaires ont des avantages matériels parfois non négligeables, mais ce ne sont pas tous les fonctionnaires qui obtiennent une paix certaine de l'esprit et les inconvénients pèsent plus que les avantages.

Victime de ce mythe, je suis donc devenu fonctionnaire de l'Etat. En caricaturant, « fonctionnaire de l'Etat » veut dire personne liée ou ligotée, dépourvue de personnalité. Chaque fois que vous voulez vous exprimer librement, et que vos propos sont objectifs, vous êtes taxés ou même catalogués comme étant de l'opposition. Personnellement, je me suis résigné. En effet, si vous avez un domestique et que ce domestique au lieu de vous obéir aveuglément se met à se révolter contre vous, ne le mettriez-vous pas à la porte ? Il en est, je pense, des fonctionnaires. Nous sommes payés par l'Etat, c'est lui notre patron, nous lui devons obéissance et respect. A partir du moment où nous sentons que nous ne sommes plus d'accord avec lui, il n'y a que deux solutions : ou bien nous essayons d'aligner nos points de vue avec les siens, c'est-à-dire accepter le féodalisme, ou bien nous démissionnons de nos emplois, c'est-à-dire rester libres et intègres. Voilà comment je conçois notre situation. Je ne sais si Ramose est d'accord avec moi. Evidemment, chacun de nous est libre de choisir la solution viable pour lui.

Voyons, par exemple, ce pont qui, en principe devrait être l'orgueil de ces deux villages. Posons-nous la question : comment est-il venu là ? Il y a le gros problème du financement. Qui a fourni l'argent pour sa construction ? Quelle est la priorité à satisfaire dans les meilleurs délais ? Je répondrai une à une à ces deux questions.

A la première qui a trait au financement, vous pouvez aisément y répondre parce que ce sont des prêts à l'étranger qui ont permis à notre Gouvernement de l'édifier. Ces prêts comportent des taux d'intérêts et sont payables en vingt, trente et même cinquante ans ; ce qui revient à dire que mes petits enfants paieront aussi les intérêts de ces prêts et que la plupart d'entre nous ne vivra pas assez vieux pour assister à la fin du remboursement. Et, tenez-vous bien, il ne s'agit que de ce pont-ci, il existe encore beaucoup d'autres emprunts à rembourser. Des générations se succéderont donc sur cette terre Malagasy ; elles seront des générations endettées non pas tellement vis-à-vis de leurs aînés, mais vis-à-vis de descendants de peuples riches et nantis. A cette époque, ceux qui avaient contracté les dettes ne seront plus là, ils dormiront du sommeil éternel et sans espoir de réveil.

A la seconde question, il s'agit, pour moi, de faire un choix entre ce qui est urgent et vital, et ce qui peut attendre. Loin de moi l'idée de minimiser l'œuvre Gouvernementale dont ce pont est un vivant témoignage, mais est-il vraiment urgent et rentable de le construire avant de réviser les prix des produits agricoles, par exemple, c'est-à-dire avant d'assurer à la population rurale le minimum vital ? Je m'empresse d'ajouter que ces prix intéressent tous les producteurs Malagasy, et non seulement ceux de Maroala et constituent à mon sens un intérêt général. Un jour, au marché de Majunga, je me suis disputé avec un Monsieur qui a marchandé pour avoir à 10 francs un ananas dont le prix a été fixé à 20 francs par le vendeur. J'ai donné 20 francs au marchand et offert gratuitement l'ananas au Monsieur. Voilà, à mon avis quelqu'un qui ne comprendra jamais nos problèmes. Beaucoup, comme lui, croient qu'un ananas mûr vaut 10 francs. Ce n'est qu'un exemple parmi tant d'autres.

Quand nous allons dans une boutique d'un Hindou ou d'un Chinois, nous n'osons même pas marchander, encore moins dans les grands magasins à prix fixes et non révisables. Pourquoi certaines personnes qui ont de l'argent dédaignent-elles payer à nos producteurs les prix qu'ils demandent, alors même que ces prix sont déjà très bas ?
Eh bien, pour reprendre ma première idée, si nous disions cela à notre patron nous risquerions de nous faire traiter d'opposants, sinon de mauvais fonctionnaires.

Telle est la situation d'embrigadement où se trouvent les fonctionnaires de l'Etat. Mais ici, il faut faire une distinction entre haut fonctionnaire et petit fonctionnaire. Le petit fonctionnaire comme moi constitue la marche de l'escalier qui permet au haut fonctionnaire de monter toujours plus haut, et de jouir de tous les avantages matériels.

Une jeune femme revenant de la Betsiboka, une cruche sur la tête, les tresses de ses longs cheveux battant mollement le haut de son dos et sa nuque, passe en se dandinant artistiquement. Arrivée à la hauteur du groupe, elle tourne la tête et, la cruche maintenue en équilibre stable, interpelle Miajary pour le saluer. C'est une amie d'enfance restée au village. Miajary s'excuse et va vers la jeune femme. Après quelques minutes d'absence, il revient. Il retrouve ses compagnons en train de commenter ce qu'il vient de leur dire. Tout le monde n'a plus tellement envie d'écouter la vie majungaise de Miajary, car beaucoup d'entre eux ont des enfants qui font des études dans le seul but de devenir plus tard des fonctionnaires de l'Etat. Ces braves paysans, croyant avoir bien fait, se triturent avec angoisse les méninges car le doute est désormais installé dans leurs esprits.

Monsieur le Maire, ne sachant quelle attitude adopter, se met à se moucher lequel est suivi d'un grand éternuement. Apaisé de ses soubresauts internes, il demande à Miajary s'il est heureux à Majunga.

- En ce qui concerne ma vie privée, répond Miajary, je crois que je suis heureux ; il n'y a pas de raisons d'ailleurs à ce que je sois malheureux, étant donné que je peux me considérer comme arrivé là où je voulais arriver en rapport avec mes études. C'est surtout dans ma vie professionnelle que je souffre. Je viens de vous donner un bref aperçu, c'est très schématique mais très significatif. Remarquez que le travail lui-même n'est ni assommant ni ennuyeux. En lui-même j'aime beaucoup mon travail actuel : il me permet de m'instruire plus que je n'ai pu faire, et de rétablir mon équilibre mental lorsque je suis énervé ou découragé.

C'est la manière d'accomplir ce travail qui me désespère. Je m'excuse, Monsieur le Maire, vous êtes ce qu'on appelle chez nous un « politicien », mais il y a actuellement trop de politique dans l'administration de notre pays. Je ne critique pas la politique du Gouvernement actuel dont nous faisons tous partie, mais nos politiciens, du moins bon nombre d'entre eux, tout d'abord trop heureux d'être Sénateurs, Députés, Conseillers Généraux, Maires, ... ont oublié les promesses faites pendant les périodes de propagande électorale ; ensuite ils ne pensent qu'à augmenter leurs capitaux, à s'enrichir sur les dos de 85 % de l'ensemble de la population qui vivotent ; enfin, ils abusent considérablement de leurs postes pour entraver la marche vers la recherche du bien-être général. Beaucoup n'ont pas le courage que j'appellerai « courage politique », c'est-à-dire oser prendre des responsabilités, reconnaître qu'ils ont commis des erreurs voire des fautes. Ce qui exacerbe le peuple, c'est que la plupart de nos dirigeants cherchent toujours à s'identifier à l'ombre de notre vénéré et vénérable Président, alors que ce que certains d'entre eux font n'est même pas digne d'un voyou.

Je crois qu'une meilleure politique serait d'avoir le courage de ses opinions, et non pas de se référer tout le temps aux opinions des autres. La population, elle, ne comprend pas et ne s'évertue d'ailleurs pas à chercher à comprendre ce que font nos hauts dignitaires. Ce qu'elle souhaite, c'est que ces hauts dignitaires comprennent ce qu'elle veut et sentent ses besoins. Voyons, par exemple, le cas de nos Députés à Marovoay, nous en sommes au troisième depuis l'Indépendance. Aucun, à son retour de Tananarive après les sessions parlementaires, ne réunit la population, pas même les édiles de la ville pour leur faire part des importantes options Gouvernementales à l'échelon national. Quand la masse n'est pas informée de ce qui se trame en haut lieu, diverses interprétations pourront être faites d'une loi, d'un décret ou d'un simple acte de l'autorité administrative, et ce n'est pas toujours dans le sens voulu par le législateur.

Monsieur le Maire, je m'excuse encore mais si cette situation continue, notre pays mettra des décennies avant de pouvoir aspirer à un certain développement à moins d'une révolution pour balayer ce qui existe.

XI

- Messieurs, dit Monsieur le Maire, vous avez entendu Miajary nous expliquer tout à l'heure ce qu'il pense de la situation actuelle. S'il a parlé en toute franchise devant vous Messieurs, ses pères, et devant vous Mesdames, ses mères, c'est qu'il se sent en sécurité parmi nous, nous n'allons donc pas le dénoncer comme un traître ou un opposant au régime. Nous le connaissons tous comme un jeune et sérieux patriote.

Sa description de ce qu'il ressent concorde effectivement avec la réalité, et même nous qui nous trouvons pris dans l'engrenage politique, nous sommes parfois en désaccord avec les ordres que nous recevons quand on essaie de nous dépersonnaliser.

Je crois personnellement que les critiques constructives doivent être acceptées, mais il faut pour cela permettre à tout un chacun de s'exprimer librement, soit en tant que simple citoyen soit en tant que militant du parti. En effet, comment espérer comprendre votre enfant, par exemple, si à chaque fois qu'il veut parler, vous lui intimez l'ordre de se taire. Vraiment, j'aime les dialogues et les échanges de vues, quand bien même mon interlocuteur se trouve résolument à l'opposé de ce que je pense être la bonne solution. En vérité, nous sommes des hommes, en chair et en os, et il ne faudra plus nous considérer comme des robots ou des animaux incapables de réfléchir. Au cours de mes différentes tournées, je constate que de plus en plus les paysans font des remarques très justes. Ce qui prouve, s'il en est besoin, que beaucoup de gens, mine de rien, se tiennent constamment au courant des affaires nationales. En brousse, les commentaires fusent à propos de tel ou tel acte de l'autorité. Il est donc erroné, à mon avis, de croire que les campagnards devront toujours être maintenus dans leur carcan d'ignorance et d'infériorité. Une telle politique est une politique égoïste qui ne profite qu'à ceux qui la font. Elle ressemblerait étrangement à la politique coloniale qui consistait à maintenir les indigènes à un certain niveau d'instruction, d'où le plafonnement jusqu'au Certificat d'Etudes du Second Degré ou C.E.S.D, célèbre encore, il y a de cela quelques années.

Sur le plan politique, je ne suis pas contre le parti au pouvoir dont je fais partie, mais je suis opposé à certaines pratiques actuellement à la mode dans certains milieux, et puis je pense que le système électoral n'est pas encore démocratique, je vous donnerai mon avis tout à l'heure.

Avant cela, je vais vous raconter une petite anecdote. Un jour de marché, un vendredi, il y avait une foule devant mon bureau. Comme de par le monde, on ne peut recevoir ensemble dans un bureau deux personnes qui n'ont pas le même problème. Je faisais donc entrer un à un ou en groupe ceux qui devaient parler d'un même objet, les citoyens qui étaient présents. Mais, à un moment donné, j'entendis un murmure de mécontentement. Je me levai et je vis un homme s'approcher de ma table. Ce citoyen-là n'avait pas respecté le rang de son arrivée et voulait à tout prix me voir avant les autres ; ce qui provoquait le murmure de mécontentement. Avant que je n'eusse ouvert la bouche pour l'inviter à s'asseoir, le citoyen que je nommerai X exhiba sous mon nez et lança sur ma table sa carte de membre du parti, et, avec un large sourire, me dit : « Entre nous membres du parti, Monsieur le Maire, il ne fallait pas faire des façons, n'est-ce pas ? »

Alors tout doucement, je lui expliquai que certainement parmi ceux qui attendaient dehors, il y en avait qui possédaient la même carte et que, par conséquent, il n'était nullement nécessaire ni utile de se faire remarquer parce que pareils errements discréditaient notre parti. Après quoi je l'invitai respectueusement mais fermement à sortir de mon bureau, et d'y revenir à d'autres moments pour discuter des affaires du parti. Depuis, le citoyen X n'a plus remis les pieds chez moi et, si le hasard nous fait nous rencontrer dans la rue, il essaie de m'esquiver.

- A ce propos, dit l'Ancien, visiblement impatient de parler, je vais continuer l'anecdote de Monsieur le Maire par une toute petite histoire que j'ai entendue à Marovoay.

Il y a, m'a-t-on assuré, un jeune couple de fonctionnaires à Marovoay qui n'est pas apprécié par la population pour diverses raisons que j'ignore. Toujours est-il que les deux époux, mécontents, ont répandu le bruit qu'ils ne quitteront Marovoay que de leur propre gré parce que l'homme a son frère bien introduit auprès de Monsieur le Chef de Province, et la femme est parente à un ministre. Je ne leur reproche pas d'avoir, par le sang, des liens familiaux d'importance dont la présence au pouvoir ne sera guère éternelle, mais je leur reproche le fait de le dire aux gens en guise de protection comme pour faire peur à ceux qui trouveraient leur présence à Marovoay néfaste pour la population.

Ceci me rappelle l'histoire d'un homme qui eut un beau taureau dans son troupeau, et qui s'en vantait à qui voulait l'entendre. Ce n'était pas lui qui avait la beauté mais son taureau et, pourtant il en était fier. De même, ce ne sont pas nos deux fonctionnaires qui sont Ministre, mais un membre de leur famille qui l'est devenu de façon circonstancielle. A quoi bon en faire l'étalage ? A mon avis une telle action pourra nuire au Ministre, étant donné que les gens vont finir par le confondre avec ses parents et le juger à travers ceux-ci.

Et puis, il y a une chose qu'on doit accepter quand on est fonctionnaire : l'affectation ; puisque le fonctionnaire est au service de la nation entière, et non pas d'une seule région. Miajary nous l'a démontré tout à l'heure.

Monsieur le Maire, si vous voulez bien continuer vos explications après cet intermède.

Après un bruyant nettoyage de gorge, Monsieur le Maire reprend la parole.

- Je disais donc que notre système électoral n'est pas encore démocratique. En effet, je ne vois pas la nécessité de faire voter, pour des Députés des autres sous-préfectures de la Province de Majunga, les citoyens de Marovoay. Voilà des gens qui, après les élections, seront Députés sans qu'ils aient été, au préalable, connus de leurs électeurs tout simplement parce qu'ils figurent sur la même liste que le candidat Député de Marovoay. Je ne trouve pas cela normal.

A mon avis, sans recourir au système de panachage, très long et très lourd dans la phase des dépouillements des votes exprimés, il faudra arriver au système d'élection par circonscription électorale réduite. Pour compléter le caractère démocratique, plusieurs candidats devront pouvoir s'affronter même s'ils sont du même parti. A ce moment-là et à ce moment-là seulement, le vote du citoyen aura une valeur certaine parce que c'est le corps électoral qui tranchera entre les candidats. L'élection d'un candidat donné rendra celui-ci plus conscient de ses responsabilités de représentant du peuple.

Actuellement, dès qu'un candidat est inscrit sur la liste du parti, il est assuré, avant même les résultats, d'être Député, Sénateur ou Conseiller général selon le cas. Dans la majorité des provinces, ils n'ont pas d'adversaires. Moi, j'aime la bagarre, j'aime lutter et j'estime mériter ma victoire quand mon adversaire reconnaît en toute honnêteté sa défaite. « A vaincre sans péril, on triomphe sans gloire » disait un grand écrivain français. Une victoire, après une lutte peu loyale ou complètement déloyale, est humiliante pour moi. Je n'aurai pas le toupet de m'arroger le titre de « représentant du peuple ». Je représenterai qui ? Alors que je ne connais même pas bon nombre de mes électeurs, et qu'ils ne me connaissent même pas.

(Applaudissements)

D'autant plus, d'autant plus, continue Monsieur le Maire, qu'ils n'ont pas du tout voté, ils n'ont pas pu faire un choix entre moi, par exemple, et un autre qui ne figure pas sur la liste mais qui, peut être, est meilleur que moi.

(Applaudissements)

Mais ceci n'est-il pas une utopie ? Quel parti au pouvoir acceptera en effet un tel système électoral qui fera venir à l'Assemblée Nationale, ou au Conseil Général, des éléments qu'il ne contrôlera pas. Le candidat élu à ma place sera peut-être celui voulu par les électeurs mais pas nécessairement par le Gouvernement ?

Monsieur le Maire s'éponge le visage inondé de sueur, malgré le petit vent du soir, et l'Ancien, voulant venir à son secours, annonce le moment de se séparer tout en remerciant Monsieur le Maire, au nom de l'assistance et des habitants des deux villages, pour avoir apporté la lumière lointaine jusqu'à chez eux. Après avoir longuement applaudi, chacun s'en va la tête pleine, mais content d'avoir entendu de si bonnes choses. Hélas, demain la vie devra reprendre son cours, et la Betsiboka aura son flanc caché par le Pont de l'Espérance. Ah ! Le Pont de l'Espérance est devenu un cauchemar pour les deux villages. Beaucoup rentrent chez eux en ressassant les explications de Monsieur le Maire sur la nécessité de la construction de ce pont, nécessité basée sur l'intérêt général qu'ils ne comprennent toujours pas.

XII

Monsieur le Maire, ne pouvant plus revenir à Marovoay, passera cette nuit en compagnie de Miajary, qui a accepté de le suivre. Après un repas pris presque du bout des lèvres à cause des discussions de l'après-midi, les deux hommes rejoignent le gîte d'étape en silence. Une fois arrivé, Monsieur le Maire pousse un long soupir qu'il est difficile d'interpréter.

- Miajary, mon fils, commence-t-il, j'ai quelque chose à te communiquer. Je sais que tu es jeune mais tu as malgré ta jeunesse, la maturité d'esprit nécessaire, l'intégrité et l'honnêteté pour pouvoir m'aider. En effet, en plus de la cérémonie traditionnelle du famadihana andro, je devais annoncer aux habitants des deux villages qu'ils devront, à partir de la semaine prochaine, payer un droit de péage pour pouvoir utiliser le Pont de l'Espérance. Mais après les paroles de l'Ancien, le courage me manquait et c'est pourquoi je te demandais de venir avec moi cette nuit parce que le poids me pèse trop.

- Pouvez-vous me dire, répond Miajary, la ou les raisons du paiement de ce droit de péage ? J'ajoute que je suis venu avec vous car j'ai aussi quelque chose à vous dire.

- Si tu veux, j'accepte de t'écouter mais je te demande d'étudier d'abord avec moi les modalités, ou plutôt les précautions que nous allons prendre demain matin quand il faudra annoncer la « chose » aux habitants. Tu me demandes les raisons. Toi-même, sans le savoir, cet après-midi, tu avais abordé le problème en parlant du remboursement des prêts ou des emprunts qui inquiète de plus en plus nos gouvernants. Les sommes recueillies par le péage serviront, soit à l'entretien du pont soit au paiement des intérêts du prêt.

Evidemment, tout ceci est fonction du trafic qui se fera sur ce pont. Les autorités ont prévu des taux différents pour les camions, taxis-brousse, voitures de tourisme, charrettes et piétons. Mon problème concerne surtout les charrettes et les piétons car d'après des calculs, compliqués pour moi, les responsables de cette institution ont fini par établir un tarif supérieur, certes légèrement, mais quand même supérieur, à celui appliqué par le piroguier - passeur.

- Un autre problème, dit Miajary, serait celui des taxis-brousse qui, pour éviter de payer le droit, risque d'attendre les voyageurs venant de Maroala à Marolambo s'ils ne vont que jusqu'à Maroala. En effet, les habitants de Maroala seraient obligés de payer le droit en traversant la Betsiboka par le pont ce qui ferait augmenter à leur égard le tarif du transport Maroala - Marovoay ou Majunga. Il en serait de même pour ceux de Marolambo qui voudraient aller à Manaratsandry : les taxis-brousse les attendraient à Maroala. S'ils se faisaient passer par le piroguier, les chauffeurs de taxis-brousse les feraient chanter en leur disant, par exemple, qu'ils partiraient sans eux. Que faut-il faire ?

- Tu as raison de soulever ce second problème, fait remarquer Monsieur le Maire. Il nous appartient maintenant de trouver la solution. Je peux toujours leur raconter des histoires, faire des vagues promesses, mais je veux rester honnête mon fils, tu comprends, je veux demeurer honnête et je ne tiens pas à souiller ma conscience en appliquant bêtement des ordres qui ne cadrent pas avec la réalité locale, en faisant usage de procédés démagogiques. De plus, si je trompe demain ces braves gens, ils me retrouveront toujours. Enfin, je ne veux pas surtout leur donner une arme de plus contre le Gouvernement s'ils sont déçus par mes actes, alors même que je ne ferai que mon strict devoir, vis-à-vis de mes supérieurs. Il faut reconnaître que le Gouvernement a fait beaucoup pour la nation ; si ce n'est que le commencement chez nous, ailleurs plusieurs réalisations ont vu le jour, ce qui n'est pas négligeable. Néanmoins, j'excuse volontiers nos braves paysans parce qu'ils se doivent d'abord d'être en sécurité chez eux. Je suis sûr que plusieurs d'entre eux n'ont pas encore vu Tananarive et même ne sont pas allés à Marovoay, où aucune raison particulière ne les appelle.

- Monsieur le Maire, vos sentiments vous honorent et je ne peux que vous en féliciter, je vous le dis sincèrement. Quant à vos problèmes, je crois que j'ai une solution. Je vous la propose, vous la jugerez par vous-même. Voici : demain matin vous ferez sonner l'antsiva pour convoquer le chef du village de Marolambo avec les notables, et vous réunirez tout le monde au marché de Maroala. Vous leur exposerez le problème du péage et ensuite vous leur laisserez le choix des moyens, soit payer le droit de péage, soit continuer, comme par le passé, à utiliser les services du piroguier. Je suis convaincu que cette solution fera l'affaire de tout le monde parce que ceux qui voudront seulement traverser la Betsiboka d'un village à l'autre prendront, par exemple, la pirogue pour pouvoir économiser quelques francs, et ceux qui effectuent un voyage plus lointain se serviront du pont pour ne pas manquer les taxis-brousse. A mon avis, vous n'êtes pas en mesure d'obliger les taxis-brousse d'emprunter le pont s'ils le jugent inutile. Voilà ma solution, parce que vous avez daigné vous adresser à mes faibles lumières, je vous en remercie, la décision finale relevant de votre entière discrétion.

- C'est moi qui te remercie Miajary. Tu viens de me donner là la preuve supplémentaire de ton intelligence. Tu es un citoyen sur qui on peut compter dès aujourd'hui. Je ne dis pas cela pour te flatter parce que tu as accepté de m'aider et que tu viens de fournir une solution qui me convient. Je le pense sincèrement car j'en suis convaincu. Si beaucoup de jeunes font comme toi, Madagascar pourra avoir un avenir meilleur. La jeunesse sera un atout, et non plus une arme que l'on utilise trop souvent contre les jeunes eux-mêmes. Pourquoi ? Parce que les vieux s'agrippent à leurs fauteuils et brandissent le drapeau de l'expérience pour écarter nos jeunes des postes importants. Ils feignent d'admettre que toute chose a une fin et que, pour eux, cette fin n'est pas loin. Maintenant si tu veux bien, je t'écoute.

- Je vous remercie Monsieur le Maire et, représentant tous les jeunes de ces villages de Madagascar, je vous suis très reconnaissant de militer en notre faveur. Le Pont de l'Espérance me donne du souci parce qu'il s'inscrit dans un programme qui m'effraie. J'ai entendu avant mon départ en congé qu'à Nosy-Be un hôtel international sera construit par l'Afrique du Sud. Le Madagascar - Hilton à Tananarive est déjà entré en service depuis quelque temps. A Majunga, un complexe hôtelier international est, paraît-il, à l'étude et j'en passe. Qui paiera la rançon de tout cela sinon ma génération et celles qui suivront.

Nous savons tous et on se plaît à nous le répéter que notre île est pauvre. Si nous lui enlevons sa qualification « d'île heureuse » après les sanglants évènements du Sud, qui mirent brusquement à nu nos disparités régionales, qu'est-ce qui reste ? Il n'est même plus bon d'y vivre. Le charbon de la Sakoa après sa découverte est inexploité. La chromite d'Andriamena n'est même pas traitée sur place, le pétrole est déclaré inexistant. À propos du pétrole, j'ai vu quelque chose qui m'intrigue. Un jour, j'ai trouvé dans un camion Mercedes quelques barriques qui portent une étiquette ainsi conçue : « S.P.M ». Au-dessous de ces sigles se trouve un épi de maïs à moitié découvert. La dernière inscription est « Société des Produits de Maïs ». Monsieur le Maire, j'écoute la radio tous les jours mais je n'ai jamais eu l'occasion d'entendre parler de cette société. De plus, les barriques contenaient du liquide. J'ai toujours su que le sigle « S.P.M » signifiait « Société Pétrolière de Madagascar ». Enfin, toujours pour le pétrole, les recherches durent depuis des années sur plusieurs points de l'île. Si les chercheurs sont sûrs qu'ils ne trouvent rien, ou qu'ils ne trouveront point de pétrole, croyez-vous Monsieur le Maire que ces sociétés-là dépenseront leurs millions dans un milieu improductif ?

- Certainement pas, répond Monsieur le Maire, de plus en plus intéressé.

- Alors reprend Miajary, je crois qu'on est en train de nous tromper. Je laisse-là le pétrole et ses énigmes.

Vous parliez tout à l'heure de l'avenir de Madagascar. Tous les jeunes sont inquiets en imaginant cet avenir. En effet, où iront ces milliers d'étudiants qui sont à l'Université de Tananarive et leurs cadets du secondaire et du primaire ? Que feront-ils ? Que deviendront-ils ? Toutes les places semblent être occupées, la Fonction Publique est submergée. Il n'y a pas de postes budgétaires, alors que les besoins sont nombreux. Des médecins reviennent, par exemple, de France, on ne sait pas où les mettre. Les Instituteurs qui sortent des collèges normaux des provinces mettent un temps fou pour être placés, tandis que l'analphabétisme est loin d'être vaincu. Tout cela pose des problèmes d'autant plus que le secteur privé demande des capitaux pour pouvoir s'installer.

Nous avons sur place des nationaux qui sont en mesure de tenir beaucoup de postes, mais ceux-ci sont confiés à des étrangers. Pourquoi ? Je n'entends rien à la politique et je ne deviendrai jamais un politicien, mais en tant que citoyen je me pose des questions qui trouveront peut-être leurs solutions un jour. Nous parlons de lutte contre le sous-développement, nous sommes sous-développés j'en conviens. Mais qui prenons-nous pour nous sortir de ce sous-développement ? Des étrangers qui avaient mis un siècle sinon deux pour se développer. De plus, si nous nous développons trop vite, les pays qui nous « aident » perdront fatalement des marchés sûrs pour le surplus de leurs produits, ce qui ne les arrange certainement pas. A mon avis, ils ont donc tout intérêt à nous maintenir dans un état de sous-développement, et à continuer leur développement. Et croyez-vous sérieusement que de telles personnes nous aideraient à rattraper le plus vite possible le retard que nous avons sur eux ?

- Non, dit Monsieur le Maire.

- Au contraire, à mon avis, ils essaieront par tous les moyens de nous retarder davantage pour justifier leur présence chez nous. Je veux bien qu'ils nous aident de chez eux, mais pas venir nous étouffer chez nous, car nous devons gérer nos propres affaires nous-mêmes, prendre nos responsabilités nous-mêmes quand nous aurons appris chez eux les moyens efficaces du développement économique.

Je vous remercie infiniment Monsieur le Maire d'avoir eu la patience de m'écouter. Je constate que l'heure est avancée et demain vous aurez encore à convaincre les gens. Nous continuerons probablement cette conversation au hasard des rencontres.

- Tu n'as pas à me remercier. Tu m'as appris beaucoup de choses que j'ignorais, et que d'autres que toi me les auraient cachés. Sur ce, à demain mon garçon.

XIII

Le samedi matin à 8h, la place du marché et la place de l'Indépendance sont noirs de monde. Les gens sont disposés en cercle et attendent patiemment. Monsieur le Maire s'est réveillé tôt ce matin pour avertir le chef de village de tout préparer, et de ne pas oublier les habitants de Marolambo.

A 8h15, il arrive suivi de Miajary. Le cercle s'ouvre pour leur laisser le passage. Miajary, pourtant, est resté au premier rang. Monsieur le Maire fait du regard le tour de l'assistance, prend une pose et commence à parler.

- Mesdames, Messieurs, la réunion de ce matin a un double but. Le premier est de vous dire au revoir et non adieu, parce que je dois prendre la route ce matin pour rentrer à Marovoay. Un proverbe de chez nous dit que quelqu'un qui part sans dire au revoir est fâché. Je ne suis pas fâché et je tiens à dire au revoir, à vous souhaiter bonheur et prospérité dans toutes vos entreprises futures. Hier, nous avions discuté librement et demain nous discuterons encore librement. Je suis vous et vous c'est moi ; nous nous devons en conséquence de vivre en parfaite harmonie. N'hésitez donc pas à me confier vos problèmes, venez à Marovoay s'il y a des choses urgentes à régler, je me tiens à votre entière disposition.

(Applaudissements)

Le second but de la réunion est plus complexe mais, grâce à la clairvoyance de notre jeune ami Miajary, je crois que nous pourrons facilement trouver un terrain d'entente. En effet, je suis chargé par les autorités de vous annoncer que le passage du Pont de l'Espérance sera payant à partir de la semaine prochaine.

- Oh ! Disent en chœur les assistants.

- Patientez, patientez mes amis, patientez mes frères et sœurs, reprend Monsieur le Maire en faisant un geste d'apaisement de la main, patientez et écoutez la suite. Les sommes recueillies serviront à l'entretien de notre pont et peut-être au paiement des intérêts du prêt ayant servi à sa construction comme le disait Miajary hier. Toutes les personnes, les véhicules de toutes sortes, paieront ce droit de passage mais, comme le piéton devra payer un peu plus que la traversée en pirogue, il appartiendra à chacun d'utiliser le moyen le plus rapide ou le plus économique pour lui suivant le motif de son déplacement. Les piroguiers pourront reprendre leurs pagaies et retrouveront leur gagne-pain. Je vous assure qu'il n'y a aucune obligation pour personne d'emprunter le pont. Vous êtes complètement libres de faire tout ce qui vous convient.

(Applaudissements)

- Merci, mes amis, merci mes frères, merci mes sœurs de votre compréhension. Je peux repartir l'âme en paix et la conscience tranquille. Que la paix soit avec vous et toujours avec vous mes frères et mes sœurs.

L'Ancien s'avance et demande le silence en levant la main droite, la paume tournée vers l'assistance.

- Monsieur le Maire, au nom de tous, je vous remercie infiniment de vos bonnes paroles et de la confiance que vous avez mise en nous. Nous ferons toujours en sorte de ne pas vous déshonorer et de nous montrer dignes de notre pays. Je sais par expérience que les habitudes se perdent peu à peu. Imaginez combien d'habitudes j'ai dû changer depuis ma naissance jusqu'à aujourd'hui. Je suis sûr que nos concitoyens finiront un jour par emprunter volontiers le Pont de l'Espérance, quand bien même ils continueront à payer. Je ne serai peut-être plus là pour voir cela mais je suis convaincu que nous ne pouvons repousser le modernisme. Maroala et Marolambo auront un jour une maternité, un hôpital, le téléphone et que sais-je encore. Nous ne pourrons plus à ce moment-là feindre d'ignorer le progrès, et les avantages qu'il nous procurera. Aujourd'hui notre problème est autre, j'en conviens, puisque je suis moi-même concerné. Mais, cinq ans, dix, peut-être passeront avant que les gens comprennent le bien fondé de l'action Gouvernementale et l'intérêt général, mais qu'est-ce que représente cinq ou dix ans dans la vie d'un homme et d'un pays ? Nous attendrons patiemment Monsieur le Maire et puisque nous vous avons comme porte-parole, nous sommes d'ores et déjà assurés que vous nous aiderez au maximum. Merci beaucoup Monsieur le Maire.

(Applaudissements interminables)

Brazzaville, le 11 juillet 1971.

**DU MÊME AUTEUR
CHEZ LE MÊME EDITEUR**

L'Assistance Médicale Indigène (A.M.I) à Madagascar de 1896 à 1930 (mars 2015)

La vérification de l'Etat et des richesses nationales à Madagascar, entre inefficacité et refondation radicale (à paraître – juillet 2015)

I want morebooks!

Buy your books fast and straightforward online - at one of world's fastest growing online book stores! Environmentally sound due to Print-on-Demand technologies.

Buy your books online at
www.morebooks.shop

Achetez vos livres en ligne, vite et bien, sur l'une des librairies en ligne les plus performantes au monde!
En protégeant nos ressources et notre environnement grâce à l'impression à la demande.

La librairie en ligne pour acheter plus vite
www.morebooks.shop

KS OmniScriptum Publishing
Brivibas gatve 197
LV-1039 Riga, Latvia
Telefax +371 686 204 55

info@omniscriptum.com
www.omniscriptum.com

www.ingramcontent.com/pod-product-compliance
Lightning Source LLC
Chambersburg PA
CBHW021847220426
43663CB00005B/434